LA FAMILIA SUJETA AL ESPIRITU

LA FAMILIA SUJETA AL ESPIRITU

Tim y Beverly LaHaye

EDITORIAL BETANIA

LA FAMILIA SUJETA AL ESPIRITU
© 1980 EDITORIAL CARIBE
P.O. Box 141000
Nashville, TN 37214-1000

Publicado originalmente en inglés con el título de
SPIRIT-CONTROLLED FAMILY LIVING
Copyright © 1978 por Tim y Beverly LaHaye
Publicado por Fleming H. Revell Company
Old Tappan, NJ 07675 E.U.A.

Versión castellana: Elsa Romanenghi de Powell

ISBN 0-88113-085-0

Printed in U.S.A.

E-mail: caribe@editorialcaribe.com

10ª Impresión
www.caribebetania.com

CONTENIDO

INTRODUCCION

Bev y yo no hemos sido siempre una pareja feliz. Nuestra relación se fue deteriorando a lo largo de los años hasta el punto en que rara vez nos comunicábamos, y aún entonces, nos irritábamos mutuamente. En una escala de 0 a 100, creo que hubiera colocado nuestro matrimonio en 25 puntos. Bev cree que se acercaba más bien a 30. Las únicas cosas que nos mantenían juntos eran (1) el rechazo del divorcio como una solución; (2) cuatro hijos; (3) mi exigencia vocacional (el divorcio significaba la ruina de mi profesión—a las iglesias no les cae bien emplear ministros divorciados); (4) Terquedad flemática y obstinación colérica. Bev era demasiado terca para admitir un fracaso, y yo era demasiado determinado como para darme por vencido. ¿Le suena esto a felicidad? ¡Por cierto que no lo era!

Lo extraño era que ambos vivíamos vidas cristianas completamente dedicadas. Al decirlo ahora, soy consciente de que no parece posible, pero me consta que así era. Nos conocimos en un excelente colegio cristiano en donde los dos nos estábamos preparando para servir al Señor. Bev había dedicado su vida a Cristo cuando tenía catorce años, con la esperanza de llegar a ser algún día una misionera. En un campamento de verano, a la edad de quince años, yo respondí al llamado de predicar el Evangelio. Bev terminó la secundaria temprano de modo que apenas tenía 17 años cuando la conocí en el comedor a la hora del almuerzo, unas pocas semanas después de iniciar nuestros estudios universitarios. Yo había pasado dos años en la Fuerza Aérea, de modo que tenía veinte años por ese entonces.

No nos enamoramos a primera vista, pero yo era un

muchacho muy determinado; de modo que aunque al principio ella tenía temor de demostrarse demasiado interesada, poco a poco nos fuimos enamorando. Seguí insistiendo hasta que finalmente la convencí de que "era la voluntad del Señor" de que nos casáramos en las próximas vacaciones, mucho antes de que uno u otro tuviéramos la suficiente madurez. ¿Pero quién puede hacer que dos enamorados tomen las cosas con calma? Mi madre no fue capaz, y tampoco los padres de Bev lograron convencernos de ello.

Mientras estábamos en tercer año de universidad, recibimos la invitación de una pequeña iglesia rural en las montañas de Carolina del Sur, para ir a servir por dos años al Señor, en ese lugar. Mis feligreses dieron bondadosas muestras de un espíritu sufrido, al permitirme practicar mi primera cosecha de sermones. Después de graduarme me puse a orar desesperadamente para que el promedio de crecimiento en dos años, de una asistencia de 75 a una de 77, no fuera un reflejo real de mis habilidades como predicador.

Como recién casados, y enfrentados con el desafío de nuestra primera iglesia, la vida se nos presentaba emocionante y dinámica. Con excepción de nuestras dificultades económicas, no teníamos mayores problemas por ese entonces. Por aquella época nació Linda, nuestra primogénita: ambos la amábamos con ternura. Con excepción de algunos períodos de terco mutismo por parte de Bev, que venían a continuación de mis ocasionales erupciones de ira, nos llevábamos por lo general, bastante bien. Creo que le daría unos 85 puntos a nuestro matrimonio durante estos primeros años.

De alguna manera, y por la providencia divina, se nos invitó por un milagro a ser pastores de la iglesia de la Comunidad de Minnetonka, en un suburbio de Mineápolis. De allí siguieron seis años realmente felices (excepto por las 200.000 toneladas de nieve que me vi forzado a acarrear). La iglesia, constituida por unas de las mejores personas en el mundo, creció de una asistencia de 90 en la Escuela Dominical, a casi 400. Yo andaba ocupado con un ambicioso programa de edificación durante mi primer año de pastorado a tiempo completo, y Bev activa como esposa del pastor, superintendente del departamento juvenil de la iglesia, y madre de tres hijos (los dos varones nacieron allí). Yo diría que mi ministerio se clasificaba en unos 90 puntos, y nuestro matrimonio en 70.

Nuestro llamado a ser pastores de la Iglesia Bautista Scott Memorial, de San Diego, California, hace veintidós años, fue otro acto de la providencia de Dios. Dos años más tarde nació Lori—y a esa altura nuestras relaciones matrimoniales iban cuesta abajo. Manteníamos una buena fachada, y siempre nos esforzábamos para hacer lo que era "correcto"; pero aunque pasábamos muchos momentos felices, éstos se iban volviendo cada vez más distanciados, e iban acompañados por una creciente cantidad de tensiones. Por el tiempo en que ya estábamos casados unos 10 ó 12 años, nos habíamos convertido en dos personalidades fuertes, del sexo opuesto, que vivían bajo el mismo techo, compartían los mismos hijos, y se identificaban con los mismos conceptos y valores espirituales básicos— pero diferían en todo lo demás. A medida que Bev maduraba, se resistía más y más a que yo la obligara tiránicamente a hacer lo que no quería, y cuanto más se resistía, tanto más dominante me volvía yo. No los vamos a cansar contándoles los detestables detalles—son los mismos de millones de parejas infelices.

Lo más curioso era que ambos éramos cristianos muy dedicados, servidores incansables de una excelente iglesia de fundamento bíblico. En efecto, la iglesia crecía, y las personas aceptaban a Cristo regularmente, obligándonos a lanzarnos en dos nuevos proyectos de edificación en cuatro años, y expandirnos eventualmente hasta alcanzar tres servicios dominicales. La gente parecía gustar de mis predicaciones expositivas con un fuerte énfasis en la vida cristiana práctica.

¡Pero nos faltaba algo! No sabíamos absolutamente nada de la vida sujeta al Espíritu, particularmente en el hogar. Nos resultaba fácil vivir la vida cristiana lejos de casa, porque las circunstancias difíciles venían en dosis más cortas y con menor presión. Pero en nuestra vida familiar las presiones se hacían cada vez más intensas, y cuando no lográbamos controlarnos, agravábamos el problema. Mucha gente tiene la idea de que las tensiones son las que *forman* nuestro carácter.

No es así; solamente lo ponen de *manifiesto*. De hecho, cuando estamos bajo presión ¡somos lo que realmente somos! Nos estábamos deteriorando bajo la presión familiar, al igual que nuestro matrimonio.

En los momentos en que nuestra puntuación matrimonial rondaba por un porcentaje de 25 a 30 puntos, Bev recibió una invitación para asistir a una conferencia de Escuelas Dominicales organizada por *Gospel Light* en el hermoso terreno para conferencias en Forrest Home. Esa semana tuvo una experiencia que cambió su vida, la de ser llena y controlada por el Espíritu Santo. Me telefoneó el miércoles para instarme con gran entusiasmo a que fuera el último día. Como se había ido de casa cuatro días, el termómetro matrimonial había subido como un 35 por ciento, así que acepté con cierta vacilación. No sabía que los oradores habían tocado precisamente su problema básico durante los primeros días, y que ahora estaban a punto de abordar el mío en los dos días finales. Llegué a tiempo para escuchar al Dr. Henry Brandt contar la historia de mi vida. Por supuesto, se estaba refiriendo a otro iracundo colérico—un ministro que había acudido a él, después de salir de la Clínica Mayo con úlceras sangrantes en el estómago (yo sólo tenía dolores estomacales que me rehusaba consultar con el médico), pero lo que dijo tenía aplicación. Cuando Brandt terminó, tuve que admitir qué hipócrita, egoísta y rencoroso había sido toda mi vida, de modo que me escabullí fuera de la capilla, a encontrarme a solas con Dios, y por primera vez en mi vida adulta, fui lleno con el Espíritu Santo. No vi ninguna visión, ni hice sonidos audibles, pero pasé por una experiencia transformadora en la presencia de Dios. Por haber bajado de aquella montaña—Bev y yo—llenos del Espíritu Santo, El cambió nuestro matrimonio, nuestra familia, nuestro ministerio. Gradualmente nuestro egoísmo, mi ira, los temores de Bev, y nuestra compartida terquedad han sido reemplazados por amor, gozo y paz, frutos que el Espíritu provee cuando nos sometemos a El.

Hoy podemos decir con toda sinceridad que disfrutamos de la relación matrimonial más ideal que dos seres pueden compartir sobre la faz de la tierra. Cuando en 1968 escribí *Casados pero felices*, que Dios se ha dignado en usar para el bien de más de 600.000 personas (dando por sentado un lector por copia), dediqué el libro a Bev con estas palabras:

Este libro está dedicado amorosamente a mi esposa, Beverly. Su paciente comprensión y su amorosa ternura han hecho de nuestro matrimonio una creciente experiencia de gozo. Su hermosura interior, "la mujer escondida del alma" tanto como su belleza física, han ido creciendo durante estos veinte años. Cada día le agradezco a Dios por haberla traído a mi vida.

Esa afirmación es más acertada hoy que cuando la escribí inicialmente. Ahora yo agregaría: "Se ha convertido en mi querida amiga".

Estamos convencidos que el secreto para una vida familiar feliz es el ser llenos del Espíritu Santo, ya que ése es el contexto de Efesios 5. Y es, por cierto, la manera en que obró en nuestro matrimonio. Sin embargo, hemos visto que la mayoría de los cristianos se van a uno de dos extremos con relación al Espíritu Santo, y pierden así el propósito práctico para el cual ha entrado en nuestras vidas. Se concentran ya sea en experiencias orientadas hacia lo emocional y centradas en ellos mismos, o lo ignoran totalmente. Como esperamos mostrarlo en este libro, la Biblia enseña que ser llenados del Espíritu Santo es algo que atañe a la vida en familia, no para lo que se hace en la iglesia. Nosotros le decimos a la gente que examine su conducta en el hogar para ver si en realidad están llenos con el Espíritu Santo. Puesto que si es posible vivir una vida sometida al Espíritu en el hogar, entonces la podremos vivir en cualquier parte. ¿Por qué? ¡Porque lo que somos en nuestro hogar es lo que realmente somos!

Si su conducta en la casa durante las dos semanas pasadas mostró pocas evidencias de que usted estaba lleno o controlado por el Espíritu Santo (pues significan lo mismo), entonces quiere decir que no lo está, no importa qué opinen de usted las personas de la iglesia o en su trabajo. Hágase esta pregunta: "Si los miembros de mi familia tuvieran que responder anónimamente sobre si en las últimas dos semanas ha dado muestras de ser lleno del Espíritu Santo, ¿qué dirían?" Esta es la mejor manera de descubrir si uno lo está realmente o no.

Dios el Espíritu Santo, siempre enriquece las vidas de aquellos que llena y las vuelve más hermosas. ¿Qué mejor regalo puede concederle a un cristiano que hacer de su hogar el lugar más hermoso del mundo? Y eso es exactamente lo que El desea hacer con todos sus hijos. Nosotros hemos pasado por las dos experiencias y por eso podemos dar testimonio de que la única manera en que es posible vivir es mediante una vida en familia sometida al Espíritu. No cabe duda de que ésa es la razón por la cual Dios nos ha dado el ministerio de la vida llena del Espíritu Santo en relación a la vida familiar, ministerio que compartimos con miles de personas en todo el mundo. El dice en su Palabra que somos capaces de consolar a otros con el mismo consuelo con que nosotros hemos sido consolados por Dios (2 Corintios 1:4).

Hace siete años Dios nos guió específicamente a fundar los Seminarios para la Vida Familiar los viernes por la noche y los sábados todo el día, en cualquier lugar que hubiera al menos cinco pastores en una ciudad que me invitaran. Bev por su sábados todo el día, en cualquier lugar que hubiera al menos cinco pastores en una ciudad que me invitaran. Bev por su parte organizaba retiros para mujeres, mientras yo actuaba de padre, sustituyéndola en la tarea de cuidar los niños. Luego por espacio de tres años, trabajé en colaboración con el Dr. Henry Brandt y más tarde con el Dr. Howard Hendricks. Hemos dirigido, en total, alrededor de ciento cincuenta seminarios en sesenta y ocho ciudades de los Estados Unidos de América y Canadá. Hace dos años nuestro hijo menor partió a hacer sus estudios en una universidad cristiana, y Bev se vio libre para acompañarme en los viajes y compartir en los seminarios. Desde entonces hemos dirigido unos sesenta y cinco seminarios más, en cuarenta y dos países del mundo, exponiendo la relación de una vida sometida al Espíritu con la vida familiar, a un auditorio que llega ya a superar las cien mil personas. La correspondencia que hemos recibido de muchos que asistieron nos confirma que muchas vidas han sido transformadas después de haber sido llenas con el Espíritu Santo y puesto en práctica su poder para aplicar los principios bíblicos al matrimonio y a la familia.

Durante el último año, la presión de otras obligaciones nos obligó a limitar nuestros seminarios a centros en donde al menos hubiera veinticinco pastores respaldando el proyecto, y gozamos de una asistencia promedio de más de 15 mil personas. Al principio no estábamos seguros cómo reaccionarían los pastores y las iglesias, a la idea de recibir una conferenciante del sexo femenino, pero por la providencia de Dios, el ministerio de Bev ha provocado una respuesta mayor de la que esperábamos. Por lo visto, en esta "era de la mujer" ha sido de ayuda ver un equipo formado de marido y mujer compartiendo en el programa. Ahora estamos en el proceso de lanzar un nuevo ministerio cinematográfico, con cuatro conferencias de una hora, preparadas en nuestro seminario en San Diego. Han sido preparadas para distribuir entre nuestras iglesias locales, para el uso de sus entrenamientos para matrimonios, y como una herramienta para atraer a las parejas no creyentes de la comunidad, que tienen interés de sentar una base sólida para su vida en familia. Sólo Dios sabe hacia dónde está vitalnándose este proyecto, pero hoy estamos convencidos de dos cosas: (1) la gente (de dentro y fuera de la iglesia), está vitalmente interesada en la familia: (2) la Biblia contiene los principios que se necesitan para disfrutar una vida familiar feliz.

Este libro—que no es una repetición de los anteriores—contiene aquellos principios que impartimos en nuestros seminarios, y enfatiza particularmente el ministerio del Espíritu Santo de la vida en familia del cristiano. Algunos de los capítulos los escribió Bev, otros yo, y algunos fueron escritos en forma compartida. Tendrán que perdonarnos si usamos anécdotas personales para ejemplificar principios bíblicos, pero queremos que sepan que el plan de Dios realmente funciona. Ha funcionado en nuestro caso y funcionará en el suyo. Este es el primer libro que hemos escrito de esta forma y confiamos que pueda ilustrarles lo que Dios el Espíritu Santo ha hecho con nuestras vidas, fundiéndonos en uno, para que podamos alcanzar a hacer más trabajo como pareja, de lo que podríamos haber hecho por separado. Es nuestra oración que El hará lo mismo por ustedes.

LA IMPORTANCIA
DE LA FAMILIA

LA FAMILIA ES EL FACTOR aislado más importante en la formación del caracter de una persona. Lo prepara para poder alcanzar su destino y autorealización más acabada, o lo mutila e inhibe para lograr su potencial original. Cuando una sociedad tiene en poco a la familia sufre una pérdida irreparable. Si desconoce a la familia por un período lo suficientemente largo, pasa al olvido, como ha sucedido con muchas civilizaciones antiguas del pasado.

La primera institución que Dios creó, fue el matrimonio. En efecto, estableció sólo tres instituciones—el hogar o la familia, el gobierno y la iglesia. Estas tres instituciones forman los cimientos fundamentales de una sociedad sana y bien ordenada.

La familia. La familia (Génesis 2:18-25) debía constituir el refugio para que sus miembros se prepararan para ingresar a la sociedad y sirvieran a Dios y a sus semejantes.

El gobierno. El gobierno humano fue instituido por Dios.

(Génesis 9:4-7; 10:5; Romanos 13:1-8) con el propósito de proteger al hombre de aquellos individuos depravados que, o bien no habían aprendido en sus hogares—o rehusaban obedecer—los principios divinos de respeto hacia los demás y hacia la propiedad ajena, tan necesaria a la civilización.

La Iglesia. La iglesia fue instituida muchos siglos después, porque tanto la familia como el gobierno había fallado rotundamente en lograr la protección del hombre de sí mismo y de los demás. El pecado fundamental de la autodeterminación y el egoísmo del corazón humano habían llevado a la sociedad a un punto en que la mayoría de las personas eran esclavos de otros seres humanos. A un ambiente de tal naturaleza Dios envió a su Hijo Jesucristo para que muriera por el pecado del hombre, para que pudiera "nacer de nuevo", recibiendo una nueva naturaleza que lo capacitaría para seguir los eternos principios que hacen a la felicidad y a la plenitud de la vida; que Dios ha revelado en su Palabra. Para comunicar estos principios fundó la iglesia. El propósito primordial de la iglesia que Jesucristo prometió edificar era la enseñanza del Evangelio y de los mandamientos de Dios (Mateo 28:18-20).

En dondequiera que la iglesia haya cumplido su misión con eficacia, ha fortalecido tanto a las familias de su medio que han servido como un elemento estabilizador en la sociedad, dando lugar a la libertad, a la autonomía y a oportunidades no igualadas por ninguna de las culturas paganas del mundo. Cuando la iglesia ha fallado en su tarea de enseñanza ha sido siempre a expensas de las familias tanto como de la sociedad.

Hoy en día las mejores familias y matrimonios se pueden encontrar entre los hogares cristianos cuyos miembros concurren activamente a la iglesia, en donde se enseñan principios bíblicos para la vida familiar. La gente joven de esas iglesias son la esperanza para el liderazgo del mañana. Como presidente de una universidad cristiana, me llena de emoción ver la calidad de jóvenes que nos llegan de los hogares cristianos por regla general. Estoy consciente del deterioro del núcleo familiar que hay hoy día y que aún irrumpe en las iglesias. Al igual que de muchas familias cristianas son más fuertes y mejores de lo que jamás han sido.

El hogar y la iglesia no son instituciones competitivas, sino que se amparan mutuamente. En efecto, si no hubiera sido por la iglesia, los humanistas de la actualidad—con su doctrina de "ningún absoluto", y "haz lo que sientas deseos de hacer"—habrían destruido nuestra cultura. Colocando en tan poca estima al hogar, de haber podido, habrían terminado con él, y permitido que el gobierno educara a los hijos. Eso puede que sea eficaz para el control de la mente, pero sería ciertamente destructivo con relación a la libertad, a la felicidad, a la autorealización. Cualquier cosa que sea perniciosa para el hogar es enemiga de la sociedad, y el humanismo se ha vuelto la fuerza destructora más poderosa de la familia en la actualidad.

LA FAMILIA ES BASICA PARA EL ADULTO

La familia fue la primera institución divina, porque es fundamental. El hombre por sí solo es incompleto. Todos están familiarizados con la historia de Génesis 2 en donde aparece Adán solitario, nombrando los animales que se le presentaban. El pasaje concluye con las palabras: ". . . mas para Adán no se halló ayuda idónea. . ." Luego leemos la hermosa historia de la hermosa provisión que Dios hizo, puesto que tomó de la costilla de Adán, hizo la mujer y "la trajo al hombre [ante él]" (Génesis 2:20-22). Muchos teólogos románticos sugieren que ésta fue la primera boda del mundo, y que Dios fue quien primero celebró una boda. Desde este día hasta la fecha, ningún otro factor en la vida humana ha sido más significativo que el hogar.

En mi libro *Cómo vencer la depresión*, cité el estudio del factor *stress*, investigación que llevó 25 años en realizarse, y fue efectuada por el Dr. Thomas Holmes de la Universidad de Oregón. Hizo una lista de las 43 crisis que ocurren en la vida, en relación a la severidad del *stress* que producen. No fue hasta después de dos años de publicado el libro, que advertí algo extremadamente significativo en esa lista. Los problemas que producían *stress* relacionados directamente con la familia, representaban el 50% del total entre los que encabezaban la lista. Considere los factores señalados a continuación:

Escala	Crisis	Puntos
1	Muerte del cónyuge	100
2	Divorcio	73
3	Separación matrimonial	65
4	Prisión	63
5	Muerte de un miembro cercano de la familia	63
6	Daño físico o enfermedad	53
7	Casamiento	50
8	Cesantía	47
9	Reconciliación matrimonial	45
10	Jubilación	45

Con excepción del daño físico (al que ascribe 53 puntos) seis de los traumas más severos de la vida tienen que ver con la quiebra de la familia (dando por sentado que el encarcelamiento de uno de sus miembros afecta la familia). Según el Dr. Holmes, los problemas familiares son por lo menos dos veces más traumáticos que otros—y en muchos casos tres o cuatro veces más. De los cuarenta y tres problemas comunes en la vida conté veintitrés que tienen que ver con la familia.

Una conclusión que podemos sacar de este cuadro es que los problemas familiares nos causan más *stress* porque la familia es el factor más importante en nuestras vidas. Muéstreme una persona que disfruta de una vida familiar dinámica y yo le mostraré una persona básicamente feliz. En efecto, la satisfacción en la familia constituye la llave para la satisfacción en la vida. Pero sin la satisfacción en familia ninguna otra cosa llega a tener significado.

¿Cuál podría ser la causa para que negociantes de éxito y genios de renombre mundial, pasaran sus últimos años en la desesperación? Generalmente es porque terminaron alienándose de sus familias. Y la mayoría de las veces sacrificaron su hogar para ganar renombre. Ese es un precio demasiado alto para que un adulto esté dispuesto a pagarlo, cuando estamos hablando en términos de una inversión que dura toda la vida.

LA FAMILIA ES BASICA PARA LOS NIÑOS

La familia de un niño es sin lugar a dudas la influencia aislada más decisiva en sú vida. No hay nada que se acerque a ella. El hogar plasma el carácter y la personalidad. El temperamento heredado hace una contribución significativa por cierto, pero la dirección que luego toma el temperamento depende de la vida familiar y la educación que esa persona recibe. Por ejemplo, si dos infantes coléricos nacen en familias contrastantes, crecerán hasta constituir personas completamente diferentes. Ambos serán activos, de mucho empuje, pero aquél que proviene de un hogar que lo rechaza, que ve a su padre rebelarse contra la autoridad, por lo general terminará siendo un delincuente que se aprovecha de su prójimo. El muchacho que venga de un hogar amante, en donde se respeta la autoridad y se le comunican ciertos valores, y el reconocimiento de normas, es muy probable que se convierta en un adulto productivo, capaz de hacer una contribución a la sociedad.

Las historias familiares de Max Jukes* y Jonathan Edwards nos proporcionan una ilustración sorprendente de este contraste. Max Jukes, que vivía en un estado de Nueva York, no creía en los principios cristianos y se casó con una mujer de igual mentalidad. De esta unión salieron 1.026 descendientes, que fueron sometidos a estudio. Trescientos de ellos murieron prematuramente. Cien fueron enviados a la penitenciaría para servir condenas de un promedio de 13 años cada uno. Ciento noventa se conocieron por ser prostitutas públicas, y hubo cien alcohólicos. Haciendo un cálculo actualizado de gastos, esa familia le costó al estado más de 6.000.000 dólares. No hay registrado nada que indique que hicieron algún aporte beneficioso a la sociedad.

Jonathan Edwards, que vivía en el mismo estado, creía en

---

*Nombre ficticio usado en la obra *The Jukes*: un estudio acerca del crimen, la indigencia, la enfermedad y la herencia (1877), basado en las referencias históricas de los descendientes de una familia de hermanas que vivió en Nueva York, escrita para una asociación de presidios. (Nota del editor) una formación cristiana, y se casó con una mujer de igual mentalidad. De esta unión se estudiaron 729 descendientes, Trescientos de ellos llegaron a ser predicadores del Evangelio. Hubo sesenta y cinco profesores universitarios, trece presidentes de universidades, sesenta autores de libros reconocidos, tres congresistas norteamericanos y un vice-presidente de los Estados Unidos. Es imposible desestimar la contribución que esta familia hizo al estado de Nueva York y al país. La familia Edwards es un ejemplo brillante del principio bíblico: "Instruye al niño en su camino, y aun cuando fuere viejo no se apartará de él" (Proverbios 22:6). A pesar de la enorme influencia que tiene la televisión y también la que ejerce la educación sobre los valores morales y el carácter de nuestros niños, no hay nada que tenga mayor influencia que el hogar y la familia . . . .

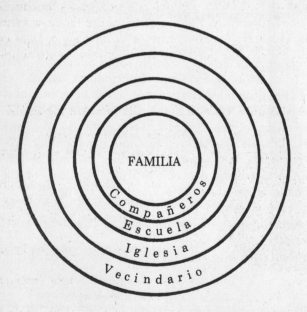

El diagrama que antecede indica que aunque otros factores

importantes plasman al niño en varias etapas de su vida, ninguno de ellos es de mayor influencia que el hogar. Así, está correctamente colocada en el centro del círculo, puesto que el hogar sirve de núcleo para la formación del carácter. Esto debería ser alentador para los padres cristianos, que se preguntan muchas veces si podrán criar sus hijos apropiadamente, en medio de tanta maldad y degeneración. Una pareja joven se quejaba diciendo: "No queremos tener hijos; hay tanta corrupción social que no queremos traer un hijo al mundo para después perderlo". Inmediatamente le señalamos que su postura reflejaba total incredulidad en el poder de Dios para usar su hogar cristiano para preparar al niño para enfrentar la vida. No nos engañemos—la vida tampoco ofrecía mucha bondad o luz en el primer siglo, pero los cristianos se casaban y educaban a sus hijos hasta formar familias que se adueñaron del mundo occidental en menos de tres siglos. Muchas familias cristianas activas están produciendo excelentes muchachos y chicas en el día de hoy. Por supuesto, ahora tenemos ventajas desconocidas para los cristianos del primer siglo, tales como una influencia vital por parte de la iglesia, tanto sobre los padres como sobre los hijos.

LA INFLUENCIA EN LA TEMPRANA NIÑEZ

FAMILIA

- Valores morales y carácter
- Seguridad y confianza en sí mismo— Primeros meses
- Sentido de curiosidad—En los primeros meses (algunos dicen *horas*).
- Autocontrol—entre los 3 y 4 años de edad.
- Inclinación sexual—entre los 3 y 5 años de edad.
- Capacidad sexual futura—entre los 6 y 8 años de edad.

El diagrama anterior da una lista de algunas de las profundas influencias que recibe el niño y que afectan su vida enterà. Los valores morales y el carácter no son algo que se enseñan;

se los "contagia" en el hogar. Un niño cuyos padres manifiestan respeto por los derechos de otros, crece con una actitud saludable hacia sus semejantes. Si ve a sus padres mentir y engañar, hará lo mismo.

El niño que es íntimamente amado desde el primer día, se sentirá más seguro de sí mismo (dentro del marco de su temperamento), que si ha sido rechazado. Un estudio hecho de los niños a quienes se retiraba del lado de su madre al nacer, para recién traerlos a las seis horas para su primera comida, evidenció que eran mucho menos curiosos y alerta, al cumplir el mes, que aquellos que se los puso en brazos de la madre desde el instante que fueron lavados. Algunos doctores han determinado que largos períodos de separación estéril son emocionalmente perjudiciales al recién nacido. Es obvio que Dios tuvo la intención de que los recién nacidos fueran inmediatamente de la tibia matriz de la madre a la tibieza de sus brazos. En esta área, como en otras similares, la medicina no suele ser un adelanto con relación a lo que dicta la naturaleza, ya que entre otras cosas, los médicos han descubierto que los niños que maman tienen menos probabilidades de tartamudear a los cinco o seis años, que aquellos que se crían con botella. Aun los médicos que hicieron el estudio no estaban seguros si la diferencia se debía a haber desarrollado músculos succionadores más fuertes con la alimentación de pecho, o una confianza emocional mejor y más fuerte, debido a la proximidad de la ternura y el trato cariñoso.

En mis horas de consulta he encontrado repetidas veces el efecto de una vida de hogar negativa sobre un mal funcionamiento de la actividad sexual. Cuando aconsejo a una mujer frígida, busco primero a un padre que la rechaza en su infancia. Muéstrenme una niña de cinco o seis años que tenga la libertad de demostrar su afecto a su padre, y en quince o veinte años les mostraré una mujer emocionalmente preparada para responder sexualmente como una esposa. Muéstrenme una niñita cuyas muestras espontáneas de afecto son rechazadas por su padre y yo les mostraré una niña con predisposición hacia la frigidez, antes que llegue a los seis u ocho años de edad.

La mejor educación sexual de una criatura ocurre mucho antes de que el niño vaya a su primer día de clase. Padres que se aman en el hogar y demuestran su afecto, casi nunca tienen hijos con problemas de frigidez u homosexualismo. Durante la investigación que llevé a cabo para mi libro sobre el homosexualismo, *The Unhappy Gays* (Los encadenados), descubrí una gran cantidad de personas que se habían tragado la mentira de que "se nace de esa forma". Es porque los síntomas aparecen tan temprano en la vida que ellos *suponen* que es resultado del nacimiento. Lo que realmente sucede es que su orientación sexual ya estaba generalmente predispuesta antes de llegar a los tres años, por una madre dominante y acaparadora de afecto, y por un padre indiferente o distante. La mejor prevención de la homosexualidad tanto en un varón como en una mujer, es una relación sana con el padre del sexo opuesto, y un papel positivo plasmado por el padre del sexo compartido. Padres masculinos que aman y pasan buen tiempo con sus hijos nunca los vieron volverse homosexuales hasta hace poco. (Hoy hay tanta propaganda y estímulo para tales prácticas que la juventud termina por hacer de ello una práctica de aprendizaje. Bajo tales circunstancias, casi cualquiera puede ser arrastrado a serlo. Aun así, el mejor preventivo sigue siendo una vida de hogar sana.)

Se ha observado que padres iracundos y de mal talante, producen hijos iracundos y hostiles. Los padres corteses, atentos, se repiten de igual forma en sus hijos. Sin duda ésa es la razón por qué el jovencito más comprensivo, considerado, y atento que recuerdo, provenía de un hogar en donde la madre tenía la misma agradable disposición y talante. "De tal palo tal astilla" es más que una mera expresión popular. Es una verdad obvia. Mientras haya buenos "palos", seguirá habiendo buenas "astillas".

EL MATRIMONIO ES FUNDAMENTAL PARA LA VIDA FAMILIAR

Aunque una relación padre-hijo es muy importante, no es la base principal para un hogar bien constituido. Fue Dios quien instituyó el matrimonio y el orden fue—primero la pareja, luego los hijos. De algún modo el acento se ha ido desplazando al punto que ahora tenemos hogares centrados alrededor de los hijos. Esto es un error. Para que haya buenos hogares debe haber buena relación matrimonial. Si usted equivocadamente sacrifica el matrimonio por los hijos, al hacerlo estará destruyendo a ambos. Los niños intuyen que su lugar es el segundo puesto en el corazón de los padres. Y si analizamos su status en el hogar, vemos que después de todo tienen un paso transitorio en el mejor de los casos. Los niños están destinados a pasar unos cinco años solamente en íntima dependencia de los padres, y luego, por los siguientes quince años, volverse más independientes en forma gradual. En contraste con esto, los padres están destinados a pasar arriba de cincuenta años juntos y mantenerse unidos (en circunstancias normales) por el resto de sus vidas. Un hijo, por lo tanto, casi desde su concepción, ya viene destinado a su eventual "graduación". En un hogar en donde se le brinda una prioridad amorosa "número dos", cualquier niño prospera.

Los peores casos emocionales que he tenido que tratar entre gente joven, no provienen de haber sido rechazados por los padres, sino de haberse convertido en amantes substitutos, o porque, debido a una relación matrimonial inadecuada, fueron sometidos a un asfixiante amor materno (o paterno) por un cónyuge sediento de afecto. Una trágica ilustración viene al caso: Después de ocho años de matrimonio y dos hijos, una esposa comenzó a quejarse de las largas llamadas telefónicas después de cenar, que su esposo solía mantener con su madre, tirado sobre la cama hasta contarle todos los pequeños incidentes del día. Un día entró en su habitación para descubrir que se había marchado, dejándoles sólo esta nota: "No quiero seguir casado. Regreso a casa a vivir con mi madre. Sigue siendo la mujer más importante en mi vida". Un amor asfixiante había vuelto a causar sus efectos—sumado por una compulsión egoísta de mantener al hijo para sí misma.

En los últimos cuatro años Bev y yo hemos viajado por cinco países comunistas de Europa Oriental, y notamos una semejanza básica. Cuanto más fuerte era el partido comunista, menor era el ejercicio de la libertad, y más monótono y opaco su estilo de vida. Pero el pueblo tenía una cosa en común. Ya sea que se pasaran cinco meses sin carne, como pasó en Rusia, o que tuvieran que hacer una cola con horas de anticipación en un día crudo de invierno, con el solo fin de comprar un par de zapatos ordinarios, había algo especial que ni siquiera el comunismo podía sacarles—la familia. Fuera en un apartamento vulgar de 18 x 18 metros, sin ninguna calefacción, o en una pieza única, compartían sus vidas unos con otros. Los comunistas saben que el elemento detonador de una revolución en su país sería la imprudente disolución del hogar y de la familia.

Este año presenciamos una hermosa ilustración de la importancia del hogar y de la familia. La encantadora mujer que servía la mesa en un restaurante de Rumania se había vuelto muy amigable con nosotros a pesar de la barrera del lenguaje. Por lo general taciturna, en medio del ambiente más bien triste y atrasado, observamos cómo se la iluminaban los ojos al ver a una jovencita de unos veinte que se acercaba a ella y la besaba cariñosamente. La joven, volviéndose a nosotros con una sonrisa feliz, y con su brazo alrededor de la corpulenta señora, anunció orgullosamente: *"Mi mamá"*. ¡Su mirada era por demás elocuente! Mientras uno tiene quien le ame, alguien que le importe si uno está vivo o muerto, la vida tiene sentido—aun bajo el régimen comunista.

Después de Dios mismo, nada es tan importante en nuestra vida, como nuestra familia. ¿Le está usted dando esa clase de atención?

LA DECADENCIA
DE LA FAMILIA

"NUESTRA CIVILIZACION TERMINARA desintegrándose si no comenzamos a darle más importancia a los hijos, y a fortalecer los lazos familiares" advirtieron al público dos expertos, conocidos como especialistas en desarrollo humano, en su país, los Estados Unidos. El Dr. Harold Voth de la famosa Fundación Menninger, formuló lo siguiente: "Creo honestamente que la civilización, tal como la conocemos, está bajo la amenaza de las fuerzas que en la actualidad corroen la vida familiar. La familia americana se está deteriorando debido al *stress* social y económico, y el niño de hoy está creciendo en un estado de enajenación, frustración y aburrimiento". Esa no fue la única conclusión a la que arribaron. Uno de ellos predijo una reacción en cadena que podría tener un resultado devastador sobre nuestra cultura: "A menos que se cambie la corriente, los niños que se formen hoy tendrán dificultad en estructurar sus propias familias—y el problema habrá de perpetuarse". Luego siguió diciendo que, de todos los peligros que amenazan a Norte América en el día de hoy—la crisis energética, el desempleo, la contaminación ambiental, el comunismo— ninguno de ellos llega a ser tan agudo como la crisis de la familia. "Destruyamos la estructura interna de la familia y tendremos la ruina de nuestra civilización".

Esta pesimista evaluación del estado de cosas, no deja de tener relación con las últimas estadísticas en divorcios. En 1976 se superó por primera vez la marca de un millón de divorcios en los Estados Unidos. En 1977 lo superaron nuevamente, agregando unos treinta mil más. Es de esperar que la marca de un millón llegue a pasarse en unos cien mil divorcios más aproximadamente, para el año 1978. Los expertos nos dicen que para cada divorcio oficial, hay al menos un "divorcio del pobre", vale decir, cuando un hombre que no puede afrontar los gastos de abogados, sencillamente abandona su familia y sus responsabilidades.

Los sociólogos nos dicen que en la actualidad hay alrededor de diez millones de niños que están siendo criados por uno sólo de sus padres, por causa del divorcio. Se puede pronosticar que unos veinticinco a treinta millones seguirán a cargo de uno sólo de los padres divorciados por lo menos gran parte de sus primeros dieciocho años de vida. Un autor de vasta circulación sugiere que las presiones de la vida se han vuelto tan intensas en la actualidad—debido al cambio vertiginoso—que no se puede pensar en estar casado por cincuenta años. Propone que la persona promedio sea aquella que se case y divorcie cada diez años. Eso sí que proporcionaría "cambio", pero ¿cuáles serían sus resultados?

Es difícil pensar que su institución más importante, la familia, está al borde de la extinción. En mis años de vida, el promedio de divorcio se elevó de 27 por ciento que era, al actual 44.2 por ciento en su cifra máxima. (¡Entre los de menos de veinte años, esta cifra se eleva a 50 por ciento!) La inestabilidad matrimonial se ha vuelto tan común que un grupo de psiquiatras reunidos en Los Angeles llegó a la conclusión de que—ya que no hay solución para la creciente tasa de divorcios—su única sugerencia era que "aboliéramos el casamiento".

Estos planificadores sociales (o destructores sociales, dependiendo de su punto de vista) se olvidan de un factor importante. El casamiento no es algo que el hombre inventó por sí solo. Mujeres y hombres solteros no vivían por décadas en grupos comunales, para luego darse cita en alguna caverna y decidir constutuir un nuevo y emocionante estilo—el matrimonio. No; fue instituido por Dios cuando sólo un hombre y una mujer estaban presentes sobre la tierra. Por lo tanto, es esencial a la sociedad.

SINTOMAS DE COLAPSO MORAL

Es interesante comparar las condiciones en nuestro propio país con aquellas que prevalecían en Grecia y Roma, poco antes de su decadencia. Son trágicamente similares . . .

1. Alejamiento de las antiguas prácticas religiosas
2. Obsesión por satisfacer la necesidad de diversión
3. Una espiral inflacionaria que hacía prácticamente imposible que la pareja recién iniciada pudiera comprar una casa
4. Infidelidad sexual generalizada, y un aumento notorio de homosexualidad
5. Una exigencia constante de un régimen democrático
6. Disminución de la tasa de nacimientos al punto que la población no llegaba a reponerse. (En los últimos informes de los Estados Unidos, se detecta que la tasa de nacimientos bajó de 2.4 a 1.6 por familia hace sólo diez años.)

¿Algunas veces se han preguntado por qué esta otrora gran nación, fundada principalmente sobre principios bíblicos, comenzó a imitar a aquellas antiguas naciones paganas que finalmente se autodestruyeron? No sucedió por una elección única sino que involucró una serie de decisiones.

OCHO CAUSAS QUE EXPLICAN LA QUIEBRA DE LA FAMILIA

1. El predominio de un humanismo ateo y anticristiano en

la escuela y el medio. Hubo un momento en que los Estados
Unidos podía enorgullecerse de tener el más grande sistema de
educación, gracias mayormente a los cristianos. Harvard,
Princeton y Yale, colegios fundados originalmente para preparar ministros para la propagación del Evangelio, fueron las
nacientes de la educación, suministrando al país los más es-
merados educadores, sólidamente formados con los conceptos
bíblicos para la vida. Hace cosa de doscientos años los Unita-
rios—con su espíritu de alta crítica—se adueñaron de Harvard, que eventualmente se convirtió en el centro de información más importante para la docencia. Hacia la última década
del siglo XIX, nuestros jóvenes educadores más destacados
eran enviados a Europa para obtener sus doctorados, de donde
volvían trayendo el racionalismo y socialismo de la época, y
posteriormente el existencialismo. En las primeras décadas
del siglo XX, John Dewey y sus cohortes consiguieron hacer
de Columbia, el centro de formación más importante de educadores de la nación. Columbia se fue apropiando gradualmente del sistema educacional convirtiéndose contra todo lo
cristiano, en la ciudadela del humanismo ateo—hasta que
hoy, la Biblia—sobre la que fue fundada—es la única cosa
que no se puede estudiar en la escuela pública. A nuestros
jóvenes se les enseña cualquier cosa desde la evolución hasta
brujería, a expensas de los contribuyentes, mientras que todo
lo que sea moral, sano y correcto, o contribuya a mantener los
valores de rectitud, cae en el ridículo. Como muchos educadores están convencidos que el hombre no es más que un animal,
están obsesionados con la idea de lograr que viva como tal.
En consecuencia, el amor libre, libertad en el uso de drogas,
rebelión contra la sociedad, o cualquier otra cosa dañina para
la mente humana con frecuencia se aboga o se presenta como
conducta "aceptable". En la actualidad, la escuela pública
está moral, social y educacionalmente en quiebra.

Cada vez que hago una evaluación del estado actual de la
educación en América, padres mal informados y educadores
ingenuos comienzan a discutir conmigo. Pero los cristianos
que están al tanto de las cosas en el sistema secular saben que
no estoy exagerando. En efecto, muchos me han llegado a
decir: "Lo que usted dice no es ni la mitad". Nuestro Colegio

Secundario cristiano, el más grande de su tipo en California, y quizás el más grande en la nación, hizo una encuesta para conocer el trasfondo de donde provenían los alumnos. ¿Pueden creer que la respuesta más numerosa era: "educación secular"? Es porque saben lo corrupto que es el sistema educacional, que estos padres envían sus hijos a nuestra escuela.

Las universidades anticristianas liberales producen los periodistas, escritores, expertos en comunicación, y todos los que tienen que ver con los medios de propagación— televisión, radio, diarios, y revistas. ¿Es de extrañarse que el medio ambiente bombardea nuestros hogares con la misma filosofía pervertida que trabaja subversivamente en nuestros jóvenes en el colegio? La sociedad, con su mentalidad "viva-naturalmente-como-un-animal", no tardará en destruirse, y nosotros estamos en vías de ser esa clase de sociedad. Una alarmante ilustración que demuestra que los medios de comunicación están más interesados en destruir las mentalidades de la gente que en obtener lucro, se hizo patente hace poco. En el pasado otoño, una red de televisión lanzó un programa que exaltaba el lesbianismo, el intercambio de esposas, el amor libre, el homosexualismo, y toda otra suerte de perversiones. El noventa por ciento de los patrocinadores dejaron de apoyar el programa, pero—lejos de admitir que habían cometido un fiasco comercial, la red televisiva se desquitó con los patrocinadores y procuró reponerlos con otros. Aunque el *"rating"* más elevado siempre suele respaldar para los programas familiares de contenido sano, los ejecutivos parecieran estar primordialmente interesados en destruir los últimos vestigios de moralidad y decencia en esta nación. Aquellos que no están firmemente formados con principios morales arraigados en enseñanzas cristianas básicas, suelen dejarse arrastrar fácilmente por el *standard* secular de entretenimientos, en detrimento de ellos mismos y del país.

2. *Inmoralidad y promiscuidad.* No hay nada que destruya más a la familia y el hogar, que la infidelidad. La obsesión con el sexo a través de la propaganda, la educación, el cine, y otros medios, exalta a tal punto la infidelidad, que ésta está aumentando rápidamente según los últimos informes.

3. *Legalización de la pornografía.* Desde que el gobierno de hecho legalizó la pornografía, en nombre de "la libertad de prensa y de palabra", ésta solía entregarse envuelta en un sobre marrón, hasta que en la actualidad, resulta un gran negocio exponer *Playboy, Playgirl* y las otras publicaciones con nido sexualmente excitante. Semejante material no hace sino estimular la mente "continuamente al mal". La tasa de crímenes, incluyendo violaciones y ataques homosexuales aumenta en proporción directa con el incremento de corrupción mental producida por la pornografía.

4. *La participación de mujeres en las fuerzas de trabajo.* Desde la primera guerra mundial, la participación de mujeres casadas en las fuerzas de trabajo ha aumentado. Esto provoca una tentación fuera de lo común para ambos sexos. Es muy común que una pareja destine más horas de trabajo por semana a una estrecha relación con el esposo o la esposa de algún otro, que con su propio cónyuge. Y para muchos, por supuesto, esto constituye una tentación difícil de resistir.

5. *Divorcios fáciles.* El matrimonio moderno "descartable"—como lo denomina Alvin Toffler—hace que el divorcio resulte fácil. Desde que la corte legalizó en algunos lugares, el divorcio "sin culpa", para el que sólo hace falta un período de seis meses de espera, las rupturas matrimoniales han aumentado en forma alarmante. Un juez que pasó la mayor parte de su vida al frente de casos de divorcio, advirtió que "la mayoría de la gente se apresura demasiado a demandar un juicio de divorcio. Es mi opinión que por lo menos un tercio de todos los divorcios que he concedido, se podrían haber evitado si la pareja hubiera buscado el consejo de otra persona, en vez de venir al juez".

6. *La filosofía permisiva de la generación actual.* Los conceptos no bíblicos para la crianza de los niños sostenida por el doctor Spock y sus seguidores—que anunció que una actitud permisiva estimulaba la creatividad, al permitirle al niño el derecho de expresarse—ha demostrado ser un rotundo fracaso. Han producido toda una generación de adultos egoístas, desconsiderados, indisciplinados, demasiado inmaduros para casarse, pero que lo hacen igual. Rechazan a sus hijos, abusan de ellos o los abandonan, y cuando la cosa se pone fea, se van. Aproximadamente el 42 por ciento de estos padres se atrasan con el aporte que deben pasar a sus hijos, o simplemente dejan de aportar en el lapso de dos años. Un 20 por ciento más lo hace unos tres años después. El doctor Spock admitió su error en 1974, proponiendo que los padres volvieran a castigar o disciplinar a sus hijos, pero ya fue tarde en relación a muchos de los actuales padres indisciplinados que produjo aquel error. Es más que probable que ellos habrán de producir una cosecha de adultos más emocionalmente marcados y sedientos de afecto que ellos mismos. Sólo podrán ser ayudados mediante una genuina conversión a Cristo, seguida de un deseo de establecer una atmósfera del hogar y un manejo de los hijos sobre principios bíblicos.

7. *El hombre urbanizado.* Por todas partes del mundo, la gente emigra más y más hacia las ciudades. De algún modo el hombre termina creyendo que habrá de hacer su fortuna en la gran ciudad siguiente—así que deja su tierra natal, o su base, sus parientes, sus amigos, y empieza todo un nuevo estilo de vida. Esto produce un tipo de familia de arraigo mínimo, con ausencia de normas morales establecidas. Además, los lanza a un medio ambiente extraño, sin contar con ninguno de los principios básicos necesarios para guiarlos. La vida en la gran ciudad puede ser más emocionante al comienzo, pero no es, por cierto, necesariamente mejor. El hombre termina perdiendo contacto con la naturaleza y con aquellos entre quienes nació, y que por lo tanto son más semejantes a él.

8. *La moral de la mujer liberada.* En nombre de la igualdad de derechos para la mujer, un nuevo estilo de vida se está introduciendo en el dominio de la familia, uno que está debilitando el papel del padre en el hogar, a expensas del matrimonio y de la familia. Los hogares dominados por mujeres son cada vez más numerosos, haciendo más complicadas las tragedias matrimoniales y del hogar. Lo más irónico es que la mujer norteamericana ya contaba con más derechos que cualquier otra mujer en el mundo.

El profesionalismo en la mujer ya ha hecho que muchas mujeres enfrentaran el conflicto entre ser leales a su carrera o a su vocación de madres. La ciencia ha hecho posible que la mujer pueda evitar la concepción o postergar la llegada de los hijos por tanto tiempo, que luego se hace físicamente peligroso tenerlos. Como dice Toffler: "Estamos a punto de matar la mística de la maternidad". Esta generación presenciará el desfile de mujeres frustradas de cincuenta a sesenta años. Centenares de ellas se están engañando a sí mismas y defraudando a sus esposos de la bendición más importante en la vida—la familia.

Otras razones que inciden en la crisis del hogar son la movilidad, la tecnología y el pecado. Tan pesimistas se han vuelto los críticos, que un experto en asuntos familiares ha observado categóricamente: "La familia está al borde de la extinción". Otro autor popular observa: "Salvo por la crianza de los niños, la familia puede considerarse muerta". Pero quienes así pronostican están equivocados. El colapso de nuestra sociedad debido a la condición decadente de la familia ya está alertando y motivando a las personas para hacer algo al respecto. A pesar del cuadro desalentador—hay esperanza.

EL REMEDIO PARA EL COLAPSO DE LA FAMILIA

Aquellos que pronostican la muerte de la familia no han tomado en cuenta el poder de Dios. El despertar espiritual por el cual están pasando nuestras iglesias está produciendo todo un nuevo estilo de vida, incluyendo un énfasis saludable sobre la familia. Las iglesias y editoriales cristianas están produciendo parte de la mejor literatura en relación a la vida familiar. Una reciente visita a nuestras librerías cristianas locales revelan que los libros sobre la familia constituyen el material más abundante y el que más se vende. Muchas personas genuinamente preocupadas, que no pertenecen a la iglesia, reconocen que los hogares cristianos son los más estables, y nos observan para hallar soluciones. Este nuevo y creciente interés en la familia proporciona a las iglesias alertas, su mejor oportunidad evangelística en muchas décadas. Las siguientes sugerencias proponen algunos pasos prácticos que podrán hacer mucho para detener el deterioro de la familia.

1. Ganar a los perdidos para Cristo. Todas las iglesias evan-
gelizadoras pueden dar ejemplos de individuos que recibieron
a Cristo, y que, al volver a sus hogares, observaron cómo Dios
gradualmente los fue transformando. Justamente el domingo
pasado un joven padre de cuatro hijos, de nuestra congregación, testificó acerca de cómo el Señor había cambiado y revi-
talizado su familia, a partir de su conversión, hace dieciocho
meses. Luego nos contó cómo había llevado a Cristo a un cole-
ga en negocios, apenas un par de días atrás. La evangelización
es el mejor método que conozco para "remodelar" el hogar
americano. Sólo Cristo Jesús puede curar las heridas, mitigar
los golpes y dar la sabiduría necesaria para criar los hijos y
producir familias sólidas para la próxima generación.
*2. Establecer un sistema educacional cristiano nuevamen-
te.* La actual organización de las escuelas está tan fiscalizada
por el estado, y tan desviada, y a veces corrompida por sus
educadores, que hay poca esperanza de salvarla. En mi opinión, la única solución es que las iglesias y los creyentes levan-
ten un nuevo sistema escolar bajo el control de las iglesias.
Estoy orando para que en 1990, por lo menos un 51 por ciento
de todos los niños en edad escolar del país, asistan a una escuela cristiana privada o parroquial, que enseñe con valentía
un estilo de vida basado en principios bíblicos.
3. Orar. Para parafrasear a Tennyson: "Más cosas se han logrado por medio de la oración de lo que este mundo jamás hubiera soñado". Necesitamos millones de personas que oren a
Dios pidiendo que perdone nuestros pecados naturales y res-
taure nuestras familias. El ha salvado civilizaciones anteriores
cuando se volvieron a El. Oren por su país—todavía hay
tiempo para rescatarlo de su decadencia moral, pero sólo si
viene como respuesta a la oración y al esfuerzo consciente de
parte de cada creyente.
*4. La iglesia debe tomar la iniciativa en la formación de
familias basadas en principios bíblicos.* La iglesia es la institución mejor equipada en la actualidad para formar a la familia de hoy en aquellos principios que pueden producir una
vida de familia productiva y feliz—esto es así porque la iglesia
está fundada sobre la eterna Palabra de Dios, la cual consti-

tuye el mejor manual jamás ideado. Aunque hay que felicitar al presidente actual por haber designado una comisión para el bienestar de la familia, lamentablemente no ha nombrado representantes de la iglesia para integrarlo, quienes podrían haber asegurado su efectividad. Para llenar este vacío, la iglesia deberá volverse más enérgica en su tarea de formar a sus miembros en principios cristianos para la familia. Este tema serviría para invitar a aquellos que no conocen a Cristo dentro de la comunidad, y que están preocupados por la vida familiar. Hemos visto muchas familias de este tipo llegar a Cristo, gracias a programas de formación familiar patrocinados por las iglesias.

EL SECRETO PARA UN MATRIMONIO FELIZ

TODAS LAS PAREJAS DESEAN QUE su matrimonio sea feliz. De las 439 parejas para quienes tuve que hacer la ceremonia de casamiento, ninguna me pidió que los casara porque al fin había encontrado la única persona que podía hacerlo sentir miserable por el resto de su vida. Es un sentimiento universal esperar que el casamiento sea el inicio de aquel dicho un tanto ficticio: "Y vivieron felices hasta el fin de sus días . . ." Una rápida mirada a las estadísticas de divorcio que vimos en el último capítulo son suficientes para demostrar que una boda es —en el mejor de los casos— un riesgo a tomar. Pero estamos escribiendo este libro precisamente para mostrar que el matrimonio *puede* ser una experiencia feliz y perdurable. Con el poder de Dios y con la ayuda de su parte, el matrimonio podrá convertirse en un pequeño paraíso sobre la tierra.

Haremos aquí una pausa en nuestro libro sobre la familia, para hacer un enfoque del matrimonio feliz —porque no se puede dar uno sin el otro. Una pareja con conflictos sin resolver podrá tener varios hijos, pero no podrán ser buenos padres a menos que se lleven bien entre sí. No hay tal cosa como una familia feliz, si no existe un matrimonio feliz.

Mientras releía alrededor de unos cincuenta libros y reflexionaba sobre ellos, al preparar este trabajo, notamos que existían algunas claves para un feliz matrimonio, según lo sugerían la mayoría de los autores. En mi libro *How to Be Happy Though Married* (Casados pero felices), yo propongo "seis claves" para abrir la puerta de la felicidad. Aun cuando todas son muy importantes, una de ellas es de primordial importancia para el cristiano—la misma que cambió nuestros corazones y dio forma a este libro. Expresado en forma sencilla, se trata de la plenitud del Espíritu Santo, o de estar sometidos al Espíritu Santo.

En mis años de consejo pastoral he mantenido encuentros con más de 2.500 parejas, en las angustias de su desarmonía conyugal. Jamás he tenido que dar este tipo de consejos a parejas sometidas al Espíritu Santo. En varias ocasiones, al señalar el problema, recibí la respuesta: "Solíamos vivir así". Luego el otro cónyuge admitía: "Y tampoco teníamos estos problemas en aquellos tiempos". La verdad es que en nuestra iglesia nos ocupamos muy poco de descubrir síntomas y detectar problemas; más bien nos concentramos en proponer la vida sometida al Espíritu Santo. Hemos encontrado que si una pareja camina en el Espíritu, están en condiciones de sobrellevar sus problemas o solucionarlos. Si se rehusan a andar en el Espíritu, todo el consejo que se le pueda administrar en relación con áreas conflictivas o síntomas de desavenencias, se parece al intento de poner una "curita" sobre una pierna quebrada.

Las parejas casadas tienen que guiarse por estos tres principios: (1) buscar consejo que provenga de la Biblia; (2) someterse al poder del Espíritu Santo que les capacitará para poder obedecer lo que la Biblia dice acerca de su problema; (3) tener la disposición para cumplir lo que la Biblia dice. Cuando encontramos estas tres cosas en uno de los afectados, el éxito es seguro. Cuando sólo hay dos es posible ver *algún* progreso. Menos de dos inevitablemente lleva al fracaso. Bev y yo qui-

siéramos ayudarlos a entresacar—en los siguientes capítulos—
aquellos consejos bíblicos que han transformado nuestro matrimonio. El Espíritu Santo está más dispuesto que nadie a
darnos poder y embellecer nuestras vidas; el tercer paso queda
enteramente de su parte.

EL FRUTO DEL ESPIRITU

"Mas el fruto del Espíritu es amor, gozo, paz, paciencia, benignidad, bondad, fe, mansedumbre, templanza . . ." (Gálatas 5:22-23). Es imposible que un creyente esté lleno del Espíritu Santo y no lo demuestre de alguna manera. En efecto,
una de nuestras presuposiciones básicas es ésta: "Cuando un
ser natural está lleno del poder sobrenatural del Espíritu de
Dios, ¡será diferente!" Como ya lo hemos señalado en nuestros
libros sobre el temperamento (ver bibliografía), el temperamento de un individuo controlado por el Espíritu no cambiará
pero será alterado y mejorado, ya que sus debilidades serán
vencidas por el poder del Espíritu Santo. Luego de haber estudiado cuidadosamente las cuarenta debilidades más comúnes
del ser humano (diez para cada temperamento) estamos convencidos de que el Espíritu Santo provee de una virtud para
contrarrestar cada debilidad humana. Examine los siete "frutos" o virtudes del Espíritu arriba mencionados, y hallará que
cada uno de ellos es suficiente para sobreponerse a cada una
de las debilidades de su vida. No hay nada más práctico sobre
una base diaria, que el control sobre nuestras vidas por el Espíritu Santo de Dios.

Si usted es una mujer casada, ¿cree que le resultaría imposible sentirse emocionada, si al recibir a su esposo por la tarde—cualquiera sea su horario de llegada del trabajo—usted
sabe que al abrir la puerta usted se enfrentará con un hombre
que a pesar de las presiones y dificultades del día, está lleno de
amor, gozo, paz, tolerancia, paciencia, benignidad, bondad,
etc.? Una esposa que me escuchó hacer esta pregunta, respondió: "Emocionada . . . ¡vaya! Es probable que saldría corriendo a recibirlo vestida con botas, delantal, y un Manto Saran,
tal como lo sugiere Marabel Morgan. . . "

Y como esposo, ¿cree usted que no se entusiasmaría si, alrededor de la puesta del sol, al regresar al hogar, supiera que— no importa cuánto hubiera tenido que aguantar a las criaturas, luchar con artefactos rotos, y soportar interrupciones telefónicas durante todo el día—al abrir la puerta se diera con una mujer llena de *amor, gozo, paz, tolerancia*. . . .? Ese sí que sería un cambio de atmósfera matrimonial en comparación con la que tiene el típico hombre casado de cinco o más años, cuando vuelve mentalmente exhausto a la casa. En vez de regresar al hogar bajo el control del Espíritu Santo, todavía está mascullando quejas, montando presión con toda suerte de resentimientos, y chapoteando en autoconmiseración. Todo lo cual, por supuesto, termina estrujándole las fuerzas y dejándole exhausto para cuando llega a la puerta de su casa.

LA VIDA LLENA DEL ESPIRITU Y LA VIDA DE FAMILIA

Por tanto, no seáis insensatos, sino entendidos de cuál sea la voluntad del Señor. No os embriaguéis con vino, en el cual hay disolución; antes bien sed llenos del Espíritu.
(Efesios 5:17-18)

El versículo anterior es el que más específicamente expresa el mandamiento de la Biblia de estar llenos del Espíritu Santo. De la misma manera que un alcohólico vive dominado por el vino, así un cristiano maduro se dejará controlar por el Espíritu Santo. Y lo que es particularmente significativo es que este mismo pasaje contiene las instrucciones más extensas en relación a la vida de familia, que aparecen en todo el Nuevo Testamento. Esta es la razón por la cual sostenemos que el Espíritu Santo está orientado a la vida familiar, y no primariamente con la actividad en la iglesia. Nótese, por ejemplo, la estructura que tiene el pasaje:

5:18	El mandamiento de estar sometidos al Espíritu Santo
5:19, 20	Los tres resultados de una vida controlada por el Espíritu

5:22-24	Las esposas deben someterse a la autoridad del marido
5:25-33	Los maridos deben amar sacrificadamente a sus esposas
6:1-3	Se ordena a los hijos a obedecer a sus padres
6:4	Se ordena a los padres a criar y educar a sus hijos

Cuando una familia cristiana vive bajo el control del Espíritu Santo de Dios, la esposa se someterá al marido, él la tratará con amor, los hijos obedecerán a sus padres, y el padre se tomará el tiempo necesario para educar a sus hijos en el Señor. ¿Se pueden imaginar a una familia así viviendo miserablemente? ¡Imposible! Esa es la razón por la cual nunca hemos tenido que dar consejos a una familia sometida al Espíritu Santo. Es evidente que una vida de familia sometida al Espíritu Santo es la clave verdadera para que ésta pueda ser feliz.

Luego sacaremos a relucir otros aspectos de los cristianos controlados por el Espíritu, pero en este punto lo importante es notar que la verdadera prueba de que estamos siendo llenos del Espíritu, es la forma en que vivimos en nuestro hogar, no aquello que hacemos lejos de casa. Si podemos llevar adelante una vida sometida al Espíritu en casa, lo podremos hacer en cualquier otro lugar. Las presiones que se encuentran en la vida familiar sobrepasan por lejos a las que debemos enfrentar en otras partes.

Una señora que no comprendió el significado de esto, sin darse cuenta lo puso en evidencia al exclamar entusiastamente: "¡Me encanta venir a la iglesia! Aquí realmente puedo sentir el calor del Espíritu de Dios. Lamentablemente, no puedo sentirlo de la misma forma en mi hogar. Mi esposo y yo estamos pasando por un período de tantos conflictos que me resulta imposible sentir la presencia del Espíritu allí". Con mucha paciencia traté de enfrentar a esa querida hermana con la verdad de su autoengaño. Si se hubiera estado sometiendo al marido, hubiera podido andar en el Espíritu en su hogar, aun independientemente de que él no lo hubiera estado haciendo, y de que no la tratara con amor. Ella podía disfrutar de la iglesia porque estaba libre de la atmósfera de "olla-apresión" propia del hogar, en donde tenía que vivir continuamente confrontada con su propia rebelión a Dios y a su marido. En su caso, podía ser obediente en la mayoría de las cosas fuera del ámbito familiar, así que en ese aspecto, se sometía al Espíritu; pero en su hogar vivía desafiando a Dios y a su esposo. En consecuencia, era imposible que el dominio del Espíritu se dejara sentir sobre ella. Cuando admitió que el obstáculo para la obediencia al control del Espíritu era su falta de sometimiento al esposo—lo que le habría dado la posibilidad de manifestar amor, gozo, paz y los demás frutos—dejó de pensar en los pecados de su marido y comenzó a enfrentar su propio pecado de rebelión, lo que le permitió volver al hogar bajo el control del Espíritu. Su esposo casi no lo podía creer al ver el cambio en ella, y a las pocas semanas él también experimentó la plenitud del Espíritu. Como se pueden imaginar, esto les ha transformado el hogar.

COMO SER CONTROLADO POR EL ESPIRITU

Hoy existe una buena dosis de confusión innecesaria, en relación a la plenitud o control del Espíritu Santo. Algunos ministros con fuerte orientación teológica lo han convertido en una cuestión tan misteriosa y compleja, que la persona normal no logra comprender ni disfrutar la experiencia. Otras personas, de inclinación fuertemente vivencial, relatan su experiencia con tanta animación y entusiasmo que hacen que el resto de la gente se sienta desubicada porque la suya no fue ni remotamente tan emocionante. Además, lo que hacen es relatar una reacción personal que refleja el temperamento y las expectativas de un individuo. Por esa razón es mejor y más provechoso estudiar la Palabra de Dios y buscar la enseñanza de la Biblia, dejando a un lado tanto las ideas preconcebidas como las experiencias personales de los demás.

Aunque parezca sorprendente efectivamente no es difícil ser lleno del Espíritu Santo, cuando se es cristiano. (Y es imposible, por supuesto, si uno no lo es). Dios no nos da mandamientos arduos de cumplir, ni tampoco es necesario rogarle que haga posible algo que El nos ha ordenado hacer. Pero sí es necesario llenar las condiciones requeridas, y la condición máxima para ser llenos o controlados con el Espíritu es rendirnos completamente a su voluntad. En su forma más simple, estar llenos del Espíritu es estar en obediencia a todos los decretos de Dios. Esa es la razón por la cual se puede esperar que los cristianos llenos del Espíritu Santo obedezcan la Biblia. Ella es la revelación más clara de la voluntad de Dios. Nadie puede establecer una fórmula fija que implemente una vida controlada por el Espíritu Santo. Sin embargo, hemos compartido los siguientes tres pasos simples con un gran número de personas. Tenemos la esperanza de que también le resulten de ayuda a usted también.

1. Examine su vida para ver si hay pecado, y confiéselo (1 Juan 1:9). El Salmista nos enseña que si albergamos el pecado en nuestro corazón, el Señor no nos escuchará cuando oramos (Salmo 66:18). Así que es muy importante empezar a confesar todo pecado conocido. Nadie puede ser lleno del Espíritu Santo si se aferra tenazmente a un hábito pecaminoso del que no está dispuesto a desprenderse.

2. Someta su voluntad totalmente a Dios (Romanos 6:11). Una vez que ha sido limpiado de todo pecado conocido, usted debe decirle a Dios que es cien por ciento de El—esto es, está dispuesto a hacer cualquier cosa que El quiera mostrarle. Un procedimiento que hemos encontrado muy útil en este respecto, es pedirle a la persona que se imagine a sí misma sobre el altar de sacrificio del Antiguo Testamento. Visualícese como un sacrificio voluntario, como debió haber sido cuando Abraham estuvo dispuesto a ofrecer a su hijo Isaac. Con esta dedicación formal, usted está afirmando: "Señor, estoy totalmente rendido a tu control—someto a ti mi mente, mis talentos, mi familia, mi vocación, mi dinero, y mi futuro. Por favor úsame para tu gloria". Es un procedimiento muy sencillo, pero sumamente efectivo. Tenga presente incluir particularmente cualquier cosa de la cual el Señor le haya estado hablando—su carácter, sus temores, su vida mental, y sus ambiciones.

3. Pida ser controlado por el Espíritu Santo (Lucas 11:13). Ahora que ha llenado las condiciones requeridas para la plenitud del Espíritu Santo, simplemente pídale que lo llene.

Nuestro Señor Jesucristo nos recordó que "Pues si vosotros, siendo malos, sabéis dar buenas dádivas a vuestros hijos, ¿cuánto más vuestro Padre celestial dará el Espíritu Santo a los que se lo pidan?"

Muchas personas me han escrito a lo largo del tiempo para decirme lo efectiva que han sido estas sugerencias para llegar a tener la plenitud del Espíritu Santo. Ocasionalmente, sin embargo, algunos teólogos han tratado de convencerme de que la promesa del Espíritu fue dada en otra dispensación, y por lo tanto no es relevante para el día de hoy. Al hablar así revelan que no se han dado cuenta de cuál era el punto esencial en la observación hecha por nuestro Señor—que Dios está más ansioso de dar el Espíritu Santo a sus hijos, que nosotros lo estamos como padres, cuando deseamos darle regalos a los nuestros. No dejo de darme cuenta que las palabras de Jesús fueron hechas con anterioridad a su experiencia en la cruz, y antes que descendiera el Espíritu Santo, y llenara a los discípulos en el día de Pentecostés. Pero lo que se estaba señalando era que los discípulos necesitaban del Espíritu Santo, y que debían pedirlo. El Espíritu Santo ya nos habita puesto que hemos sido bautizados en Cristo Jesús en el momento de nuestra conversión (1 Corintios 12:13). Pero si no estamos *llenos* del Espíritu, podemos serlo por el mismo procedimiento que usaron los discípulos—pidiéndolo.

Frecuentemente, al terminar algún seminario, alguien nos pregunta: "¿Cuántas veces debiera uno pedir la plenitud del Espíritu Santo?" En todos los casos contesto: "¡Cada vez que usted se siente vacío!" Si usted cree que lo ha contristado, pídala primero en la mañana, varias veces durante el día, y luego por la noche, cuando se entrega al sueño. Después de un tiempo se vuelve parte de la vida de uno, igual que respirar.

COMO CAMINAR EN EL ESPIRITU

"No os embriaguéis con vino, en el cual hay disolución; antes bien sed llenos del Espíritu" (Efesios 5:18)—". . . Andad en el Espíritu, y no satisfagáis los deseos de la carne" (Gálatas 5:16). Alguno podrá preguntar: ¿Qué diferencia hay entre "andar en el Espíritu" y "estar llenos del Espíritu"? En realidad, uno es resultado del otro. Usted no puede "andar en el Espíritu" o vivir bajo el control del Espíritu diariamente, hasta estar "lleno del Espíritu". La experiencia guarda semejanza con el hecho de beber agua hasta saciarse—para luego caminar con la energía brindada por esa agua. Eventualmente usted tendrá que tomar más agua para que su cuerpo tenga el líquido suficiente como para *caminar* más allá—lo mismo que con el Espíritu. Usted necesitará ser llenado más de una vez con el Espíritu si es que quiere caminar continuamente bajo su control. Los siguientes tres pasos para andar en el Espíritu son principios altamente prácticos, hallados en la Biblia.

1. Adquiera una práctica diaria de lectura de la Palabra de Dios (Salmo 1:1-3). La Palabra de Dios es para la persona lo que la gasolina es para un auto: sin ella, el mecanismo más lujoso del mundo no podrá operar. Tenemos dos espíritus dentro nuestro—el espíritu natural propio que llamamos "la carne", y la nueva naturaleza que llamamos "el Espíritu". Aquello que alimentamos más es lo que nos controla. No creemos que sea posible para un cristiano caminar en el Espíritu a menos que desarrolle el hábito de leer regularmente la Palabra de Dios para alimentar su naturaleza *espiritual*. Ahí es dónde obtiene la fuerza *espiritual* para andar en el Espíritu. También recibe comprensión respecto de los caminos de Dios por medio de la lectura de la Palabra.

Si le ha resultado difícil mantener un hábito regular en la lectura de la Biblia, tengo una sugerencia para usted. Perdóneme que deba hacer nuevamente referencia a uno de mis libros, pero uno de ellos es un manual sumamente práctico que escribí para los San Diego *Chargers*, cuando les enseñaba una clase bíblica semanal en mi hogar. Varios de ellos se habían enfrentado el problema de la falta de continuidad en su lectura bíblica diaria, de modo que desarrollé el método *Cómo estudiar la Biblia por sí mismo*, una guía práctica que incluye nueve cuadros sinópticos diferentes para ayudar en el estudio de la Biblia. Muchos hombres lo encontraron de mucha ayuda para desarrollar hábitos de continuidad.

2. Desarrolle una aguda sensibilidad hacia el pecado (1

Tesalonicenses 4:3-8). El pecado es extremadamente sutil y habrá de impedirle caminar en el Espíritu. La Escritura nos enseña que Dios nos ha llamado a la santidad. Desde el momento en que el Espíritu Santo nunca nos conduce por sendas pecaminosas, cada vez que nos demos cuenta que hemos estado pensando o practicando acciones pecaminosas, podemos estar seguros que fue nuestra naturaleza *carnal*, no nuestra naturaleza *espiritual*, la que nos guió o condujo a hacerlo. A medida que andemos en el Espíritu nos volveremos gradualmente más sensibles al pecado, y habremos de evitarlo.

3. Evite apagar o contristar al Espíritu (Efesios 4:30-32). Los pecados contristan al Espíritu Santo o ahogan su plenitud en nuestras vidas, de los cuales el enojo y el temor en sus muchas manifestaciones, son los más comunes. Estos— junto con el remedio para ellos—volverán a ser tratados en detalle en el capítulo siguiente. Aquí sólo señalaremos que un cristiano controlado por el Espíritu, aprenderá a valorar tanto el *amor,* el *gozo,* y la *paz* que trae el Espíritu Santo a su vida, que se mantendrá atento para no contristarlo por el tan común sentimiento de enojo, o apagarlo por el igualmente común sentimiento de temor.

IV

LOS CUATRO PROBLEMAS BASICOS EN EL MATRIMONIO

LA BIBLIA NOS ENSEÑA QUE no hay pruebas de la vida que no sean "comunes al hombre". La psicología moderna, y la concepción popular quisieran hacernos creer que cada uno de nosotros, al igual que un copo de nieve, es singular. Por lo tanto, muchas personas juzgan que su problema de pecado es único. Mi experiencia como consejero, sin embargo, ha abonado la enseñanza de las Escrituras en el sentido de que las tentaciones "son humanas" (1 Corintios 10:13). Hay seis enemigos básicos del matrimonio y el hogar. Afortunadamente, la mayoría de la gente no está sobrecargada con las seis. Debo agregar—para su regocijo—que el Espíritu Santo puede curar cada uno de ellos—si usted coopera con El.

¿Ha reflexionado seriamente acerca de nuestra premisa básica de que "cuando un ser humano natural está investido del Espíritu Santo sobrenatural, se volverá diferente"? ¿En dónde se da esa diferencia? Esta plenitud ciertamente no nos hace más apuestos, ni nos imparte mayores talentos, o un cociente de inteligencia más alto. Sin embargo, nos ayudará a usar nuestra capacidad en toda su potencialidad de tal modo que en algunos casos podrá parecer que le ha dado nuevos talentos a algún individuo. En realidad, lo que ha hecho es liberarlo de algo que lo ha inhibido durante toda su vida.

Uno de nuestros amigos jamás ha tomado lecciones de piano y sin embargo toca el piano y el órgano maravillosamente. No puede leer ni una nota de música, pero si se le canta o toca una canción, la puede reproducir. El siente que este don le fue dado cuando fue lleno del Espíritu Santo. En realidad, había nacido con la capacidad para tocar música de oído, pero—porque era una persona más bien impresionable y tímida por naturaleza—sus temores adquiridos en la vida pasada lo habían esclavizado tanto que nunca pensó seriamente tocar un instrumento musical. Pero luego de haber recibido la plenitud del Espíritu Santo, sus temores naturales desaparecieron, y se volvió el portador de ese espíritu de optimismo que describimos en el capítulo anterior. En un momento de júbilo, libre de inhibiciones, se sentó al piano, y para su sorpresa, logró tocar una canción. La práctica ha perfeccionado su habilidad hasta convertirlo en un pianista que nos deleita escuchar. En efecto, hay un "algo" particular en su modo de tocar que no poseen otros que lo hacen por lectura musical. Al haberse curado emocionalmente se convirtió en una persona íntegra—y eso liberó su habilidad musical.

Eso es esencialmente lo que hace el Espíritu Santo en forma práctica cuando recibimos la plenitud de El: nos restaura emocionalmente. Eso tiene mucho más significado y es mucho más pertinente dentro del marco de la vida cotidiana, de lo que muchos suponen. Lo que somos emocionalmente es lo que realmente somos. Un hombre puede sentirse orgulloso de un altísimo coeficiente de inteligencia, pero si pierde dominio sobre sus emociones, destruye la efectividad de su potencial. Se puede afirmar con cierta seguridad, que la capacidad que uno tiene para vivir a la altura de nuestro potencial en la vida, depende del control sobre las emociones. He encontrado muchas veces que personas brillantes y llenas de talentos, cuyo ánimo estaba totalmente destrozado, no podían rehacerse porque carecían de control sobre sus emociones.

Examine los doce resultados, o frutos, que el Espíritu Santo introduce en nuestra vida, cuando tenemos la plenitud de El. "Una canción en el alma", "un espíritu de agradecimiento", y "una actitud sumisa", son todas respuestas emotivas, como también lo son los otros frutos—amor, gozo, paz . . . . Asociamos estos sentimientos buenos con nuestro corazón, y hacemos bien. Los científicos se refieren al "corazón" como el centro emotivo de la persona. El diagrama que sigue muestra cómo el centro cardíaco está neurológicamente atado con los órganos vitales del cuerpo. Desórdenes emocionales prolongados que afecten al centro emotivo de una persona, eventualmente terminan minando alguna parte de su cuerpo—generalmente la parte más débil. Eso es lo que quiere decir cuando se habla de enfermedades "inducidas emocionalmente".

S. I. McMillen, un conocido doctor en medicina, escribió un libro excelente, titulado *None of These Diseases* (Ninguna de estas enfermedades), del que obtuve el diagrama. En éste aparece una lista de cincuenta y una enfermedades que la gente contrae al provocárselas a sí mismas por una crisis emocional. Todo cristiano que lea el libro podrá entender lo que quieren decir los médicos cuando afirman que el sesenta y cinco a ochenta por ciento de las enfermedades son emocionalmente inducidas. Esto es, al paciente no se le encuentra nada malo, pero el contratiempo emocional le ha producido una enfermedad. Debemos enfrentar los hechos—el cuerpo humano aguanta una determinada cantidad de *stress* antes de quebrarse en el punto de menor resistencia.

En Columbus, Ohio, hablé acerca del Espíritu Santo y de la cura que éste daba a la hostilidad en el hogar. Enumeré algunas de las enfermedades que había visto aflorar en los cristianos debido al enojo que habían acumulado. Se me acercó un jóven médico interno mostrando interés por lo que yo había dicho. Me explicó que era un especialista que sólo recibía pacientes que le remitían otros médicos, con el objeto de determinar enfermedades difíciles de diagnosticar. Luego agregó: "Mientras usted hablaba me puse a pensar en los cinco pacientes que vi ayer por la tarde. Todos eran personas iracundas".

**EGOCENTRISMO   ENVIDIA   CELOS   RESENTIMIENTO   ODIO
EXTRA-SENSIBILIDAD   SENTIMIENTO DE TEMOR   PREOCUPACION
SENTIMIENTO DE CULPA   TEMOR   TRISTEZA   FRUSTRACION
NECESIDAD DE APROBACION**

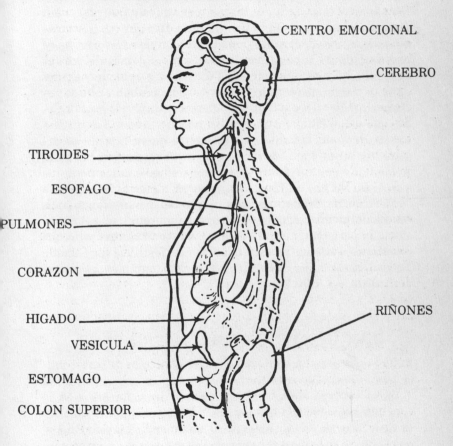

Efecto de las emociones sobre la salud física

**ENFERMEDADES DEL RIÑON   INFARTOS   GOTA   DIABETES
ARTRITIS   DOLORES DE CABEZA   PROBLEMAS CARDIACOS
ULCERAS DE ESTOMAGO E INTESTINO   ARTERIOSCLEROSIS
PRESION ARTERIAL ALTA   COLITIS**

Las emociones tienen mucho más control sobre nuestras vidas de lo que nos damos cuenta, y el Espíritu Santo quiere curarnos. Haríamos bien en dejar que lo haga—antes que nuestras emociones arruinen no sólo nuestro cuerpo sino también nuestro hogar, los dos bienes más valiosos que poseemos. Es alarmante pensar en la cantidad de días que los cristianos pasan en camas de hospital, en la cantidad de horas pastorales que se dedican a visitar pacientes, y los millones de dólares desperdiciados por el pueblo de Dios, en esta voluminosa categoría de "enfermedades innecesarias". Es probable que se pudiera edificar todas las iglesias nuevas y todas las ampliaciones que se necesitan en un año, usando este dinero destinado a los médicos—si tan sólo esos creyentes estuvieran llenos del Espíritu Santo. Pero eso no es nada en comparación con la felicidad que produciría en los hogares representados por estas personas. No hay nada que haga alejarse más rápidamente a los jóvenes de Cristo y su iglesia, que tener padres cristianos emocionalmente alterados. No esperan que sus padres cristianos sean perfectos, pero sí desean que tengan control sobre sus emociones—lo cual es una expectativa justificable. Cuando los padres están llenos del Espíritu Santo, cumplen las expectativas de sus hijos en el hogar.

CONFLICTOS EMOCIONALES— LA CAUSA DE ANGUSTIA MATRIMONIAL

La mayoría de las parejas regresan de la luna de miel totalmente enamorados. Continúan así hasta que experimentan la primera refriega emocional, o conflicto de voluntades. Es lo que llamamos "pelea de amantes". Por lo general no es fatal, si bien deja una pequeña cicatriz en sus relaciones. ¡Pero es tan lindo reconciliarse! Así que siguen adelante en su senda matrimonial, por otro período de tiempo, hasta su próxima erupción emocional, a la que le sigue otra emocionante sesión de reconciliación. Gradualmente estas peleas se suceden más a menudo a medida que se producen más choques entre las voluntades y los deseos de la pareja, hasta que gradualmente pueden llegar a convertir su amante hogar en un "infierno

sobre la tierra". Esto puede suceder antes, o después del nacimiento de los hijos, pero raramente se mejora con el arribo de
los niños. La causa de estas casi inevitables peleas—y el papel
que juega una vida controlada por el Espíritu Santo, para cu-
rarlas y eliminar las causas—es el tema central de este capítulo.

Nadie tiene que decirle a una pareja de recién casados, que
el hombre y la mujer son diferentes. No sólo están constituidos
diferente en lo físico, sino que piensan, sienten, y responden
de forma diferente. Parte de esa diferencia tiene origen en su
identidad sexual—a pesar de lo que algunos defensores del
uni-sex quisieran hacernos creer. Pero mucho de ellos puede
provenir de sus temperamentos diferentes.

POR QUE ACTUA COMO LO HACE

Es una tentación a esta altura volcarnos a una presentación
del fascinante tema de los cuatro temperamentos. Pero ya que
los hemos descrito meticulosamente en cinco de nuestros libros anteriores (ver la bibliografía), resistiremos la tentación.
Pero es sumamente valioso que el lector pueda conocer acerca
del temperamento humano y advertir hasta qué punto el temperamento es la mejor explicación conocida hasta ahora para
decirnos por qué las personas actúan como lo hacen. Muchas
personas lo han encontrado de ayuda para comprender y aceptar a su pareja, para no mencionar lo mucho que también es-
clarece la razón de su propio comportamiento.

No tenemos espacio en este libro para bosquejar los puntos
fuertes y las debilidades de cada uno de los temperamentos
que acabamos de presentar. Quizás usted ya esté familiarizado con ellos, a través de nuestros escritos anteriores. Es importante señalar, sin embargo, que nuestros talentos y cualidades
atractivas provienen de los puntos fuertes, mientras que nuestras debilidades son causa de las áreas inhibidas en nuestra
vida que muchas veces contribuyen a hacer indeseables. Son
estas debilidades las que pueden ser fortalecidas por el poder
de Dios, una vez que nos rendimos al control del Espíritu Santo.

En mi libro *Temperamentos controlados por el Espíritu*, escrito hace once años, decía que es posible encontrar un punto fuerte en la vida sometida al Espíritu, que contrarresta cada una de nuestras debilidades. Ahora—con unas tres mil entrevistas después de eso—estoy todavía más convencido de ese hecho que antes.

Hemos observado que los opuestos se atraen en el matrimonio. No sólo la oposición sexual, sino la oposición en el temperamento. De los cuatro temperamentos básicos, suele suceder (aunque no siempre, por cierto), que uno de los extrovertidos es atraído por uno de los introvertidos.

Es importante advertir que esta regla del sentido común no es inviolable, y que en la época en que los padres elegían la pareja para sus hijos (como sigue siendo todavía en algunas partes

LOS CUATRO TEMPERAMENTOS BASICOS

Super Extrovertidos	Extrovertidos Normales	Introvertidos Normales	Super Introvertidos
Chizpazo Sanguíneo	Roqueño Colérico	Martín Melancólico	Felipe Flemático
Sara Sanguínea	Clara Colérica	Marta Melancólica	Felisa Flemática

del mundo), por cierto que no se le daba ninguna consideración a la cuestión del temperamento. Pero cuando son los individuos los que hacen su propia elección del compañero, hemos notado que se atraen los opuestos. La razón es un tanto sutil. Todos admiramos a aquellos que son fuertes en los puntos en que nosotros mismos sentimos nuestra propia debilidad. Esta admiración, bajo circunstancias adecuadas suele llevar al amor, y de allí al altar matrimonial. Pero la incauta pareja aprende poco después de la luna de miel que su compañero no es por cierto perfecto. Y lo que es peor, él o ella suele tener debilidades en donde el otro tiene sus puntos fuertes. A esa altura, la tentación consiste en mirar despectivamente o desdeñosamente las debilidades del cónyuge—y comienzan los choques.

LOS OPUESTOS SE ATRAEN

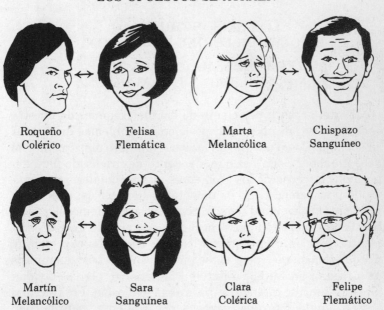

| Roqueño Colérico | Felisa Flemática | Marta Melancólica | Chispazo Sanguíneo |
| Martín Melancólico | Sara Sanguínea | Clara Colérica | Felipe Flemático |

Es imprescindible que cada individuo aprenda a aceptar las debilidades del compañero tanto como sus virtudes, y deje de irritarle, criticarlo o intentar cambiarlo. Es solamente Dios—y la colaboración del propio individuo—quien logrará producir el cambio deseado. La aceptación de la persona total, nos gusten o no algunas de sus debilidades, es esencial. En el libro *El varón y su temperamento* se dan sugerencias detalladas para saber cómo aceptar y convivir con su pareja. Para nuestro propósito en esta obra, trataremos de esclarecer cómo es que los problemas emocionales más comunes del matrimonio entran en conflicto, en relación al temperamento del cónyuge. También compartiremos con el lector una técnica bíblica para sobrellevar las debilidades, que no sólo es muy práctica, sino que ha sido probada sobre el terreno en nuestras propias vidas y en las de muchas personas. El poder para sobrellevar estas debilidades, proviene, lógicamente, del Espíritu Santo.

LOS SEIS PROBLEMAS EMOCIONALES DEL MATRIMONIO

EL PROBLEMA DEL ENOJO, LA HOSTILIDAD Y LA AMARGURA

Más del ochenta por ciento de los matrimonios de nuestra época, muestran una predisposición a problemas originados en el enojo. Como me dijo un famoso consejero matrimonial no hace mucho: "Cada vez que me siento desorientado para determinar la causa de los problemas matrimoniales o personales de una pareja, trato de detectar si hay enojos; el ochenta por ciento de las veces tengo razón". Nosotros hemos llegado a la misma conclusión por el hecho de que tres de los temperamentos reflejan una predisposición al enojo. Lo expresan de distintas maneras, pero sigue siendo enojo. Los sanguíneos manifiestan un humor irascible e impulsivo, pero se olvidan inmediatamente de todo después de la explosión. Los coléricos poseen igualmente una disposición turbulenta, pero pueden albergar rencor indefinidamente y estallar nuevamente ni bien algo les recuerda el motivo de su enojo. Los melancólicos, que no suelen ser casi nunca irascibles, frecuentemente se vuelven a la venganza. Por consiguiente, siguen rumiando las cosas por mucho tiempo, hirviendo internamente, aunque puedan o no estallar con enojo. Sus emociones reprimidas inhiben decididamente sus verdaderos sentimientos y su juicio. Los flemáticos rara vez experimentan enojo a menos que su temperamento secundario sea lo suficientemente fuerte como para producir la chispa. (Todos tenemos dos temperamentos—uno dominante y otro secundario—y experiencias hechas recientemente en relación a los temperamentos, demuestran que muchos tienen hasta tres temperamentos.) En consecuencia, muchos flemáticos pueden ocasionalmente experimentar enojo, debido a sus temperamentos secundarios.

Cuando hablamos de enojo incluímos las diversas formas de amargura, venganza, resentimiento, belicosidad y quizá unas diez formas más de hostilidad. En nuestra opinión, no hay nada que desintegre más la relación matrimonial, ni hay otra emoción que arruine la vida familiar y destruya la psique de los hijos, como el enojo. El hogar estaba destinado a ser el puerto emocional de paz, amor y gozo, al cual las parejas—y eventualmente los hijos—pudieran acudir para ampararse de la hostil y egoísta realidad del mundo exterior. Desafortunadamente, muchos encuentran más hostilidad y animosidad en sus hogares que fuera de ellos.

El enojo es una fuerza oculta que circula dentro de muchas personas que ni siquiera se dan cuenta de su influencia. Me acuerdo de una esposa que se quejaba: "He perdido el afecto por mi esposo". Cada vez que escucho ese lamento, exploro para encontrar cuál es la característica o el hábito del cónyuge que está causándole irritación, y por lo general no me lleva mucho tiempo para descubrirlo. En este caso particular la causa de todo era el rechazo del marido de comprarle un recipiente para desperdicios que costaba una suma bastante considerable de dinero. Además de rehusarle el dinero, agregó el siguiente comentario: "Mamá no tuvo nunca un recipiente para desperdicios y no veo por qué tú necesitas uno". Esto, naturalmente, la enfureció. En cuestión de semanas, el sentimiento que ella había sentido por él terminó por desvanecerse.

Esta mujer era muy activa en su trabajo y en la iglesia, a parte de ser una esposa y madre cristiana sumamente dedicada, pero no había llegado a comprender que el amor y el odio no pueden vivir juntos. Sin duda esta es la razón por la cual la Biblia señala tan enfáticamente: "Maridos, amad a vuestras mujeres, y no seáis ásperos con ellas" (Colosenses 3:19). En otras palabras, es posible expresar uno u otro de estos sentimientos, pero una relación nunca podrá basarse sobre la aceptación de *ambos* simultáneamente. Esta mujer confesó su pecado de enojo, experimentó en mi presencia la plenitud del Espíritu, y regresó a su hogar dispuesta a amar a su esposo. Para él resultaba fácil enfrentar su enojo, pero cuando tuvo que enfrentarse con todo su amor, sucumbió. Tres semanas después, un sábado por la mañana, le trajo la sorpresa de un recipiente para desperdicios.

Uno de los casos más alarmantes de enojo con los que tuve que ver, fue el de una joven madre cristiana que estaba experimentando arranques de resentimiento hacia su bebé de tres semanas de edad. No había tenido la experiencia de un sentimiento semejante con sus dos hijitas anteriores, pero se lamentaba entre lágrimas: "Creo que me estoy volviendo loca, y que en algún momento perderé el control y haré algún daño a mi hijito".

Se necesitaron muy pocas preguntas para desentrañar un espíritu de amargura y hostilidad hacia su padre—que ya hacía cinco años que había muerto. Más bien que estar perdiendo el conocimiento, lo que le estaba sucediendo a esta mujer, era que el enojo reprimido estaba creando una corriente emocional de odio que estaba bloqueando sus sentimientos amorosos normales. Todo lo que hizo falta para corregir la situación fue arrepentirse del pecado del enojo, y someter su mente al control del Espíritu Santo, de modo que no siguiera manteniendo vivo el recuerdo del rechazo de su padre, de sus abusos y de sus intentos de provocarla. Si ella no hubiera sido capaz de cambiar sus hábitos mentales por medio del Espíritu Santo y su poder, el fantasma de su padre la habría perseguido desde la tumba, hasta producirle una crisis emocional o algo peor. Ese tipo de tragedias innecesarias ocurren a diario.

Repetidas veces hemos tratado con gente cuya rabia interior, ya sea expresada o internalizada, ha causado tragedias innecesarias como la impotencia, la frigidez, la carencia de amor, colitis, problemas cardíacos, infartos, crisis emocionales y casi cualquier malestar imaginable característico en el hombre. Si usted es un lector asiduo de mis libros quizás crea que tengo una suerte de "paranoia" con respecto al enojo, porque lo menciono tan frecuentemente—y tal vez haya algo de cierto. La razón es que he presenciado incontables casos en los que por sí solo fue capaz de destruir la salud, el amor, la familia, los hijos, las vocaciones y el potencial espiritual. Y para ser honesto, otra razón es que el enojo estuvo muy cerca de destruir mi propia familia, mi ministerio y mi salud. Alabemos a Dios que hay un remedio para ello, por medio de la vida plena del Espíritu.

LA CURA PARA EL ENOJO

Mucha gente mantiene tenazmente que cierta medida de enojo es deseable. Hay que admitir que Efesios 4:26-27 da lugar para la indignación justa, pero con tres condiciones: (1) *No pequéis*; (2) *no se ponga el sol sobre vuestro enojo*; y (3) *no deis lugar al diablo*. Ese tipo de indignación justa no es algo egoísta por cuanto se la siente desinteresadamente a favor de algún otro. El tipo de enojo que experimenta la mayoría de la gente, y aquel que produce la desarmonía familiar de la que estamos hablando, es egoísta y orgulloso. Un tipo de enojo en el que caemos cuando alguien nos rechaza, nos insulta, o nos injuria.

Actualmente existen tendencias que tratan de sugerir maneras de "usar" el enojo, "controlarlo", o "canalizarlo en actividades útiles". O como lo expresó una menuda mujercita explosiva: "¡Exprésalo!". Ella cree erróneamente que el enojo expresado es mejor que el enojo reprimido. De hecho, expresar el enojo complica las cosas, porque afianza el patrón habitual más profundamente en el subconsciente. Cada vez que hacemos algo se vuelve más fácil hacerlo la vez siguiente, a medida que la experiencia se transforma en hábito. Eso es particularmente cierto en lo que respecta a expresar emociones negativas. Hay que admitir que la hostilidad reprimida puede causar úlceras sangrantes y las otras cincuenta enfermedades que menciona el doctor McMillen. Pero hay un remedio mejor—eliminarlas. Considere los pasos siguientes con cuidado, porque han sido comprobados por muchas personas y su efectividad ha sido verificada. Estos pasos hacia la victoria sobre el enojo, los hallará similares a los otros destinados a sobreponerse a los otros cinco problemas emocionales.

1. *Enfrente el enojo como pecado (Efesios 4:30-32).* Ningún pecado, ningún hábito o debilidad, podrá superarse a menos que el individuo esté dispuesto a considerarlo honestamente como algo malo. En el caso del enojo, el poder considerarlo como un pecado repugnante ante los ojos de Dios, ya es un gigantesco paso hacia la solución. Si usted tiene alguna duda al respecto de que el enojo sea algo malo, haga un estudio bíblico sobre el enojo. Encontrará más de veinticinco versículos que lo denuncian, y muchas ilustraciones desde Caín hasta Pedro, que lo condenan. (Tal vez no haya ejemplo más petético que el de Moisés.) Un estudio de este tipo lo ayudará a evitar la inclinación natural de justificar y hallar excusas para el enojo. Esta actitud es autodestructiva porque anula la posibilidad de la curación. Jamás he visto que una persona pudiera vencer el enojo a menos que lo hubiera admitido inicialmente como un pecado.

2. *Confiese el enojo como pecado (1 Juan 1:9).* No sólo necesita usted el perdón de Dios para su enojo, cada vez que incurre en él, pero es preciso verbalizar el hecho de que está mal y necesita librarse de él. "El oído de Dios está atento al clamor del pecador", dice el Salmista, y siempre está dispuesto a perdonar.

3. *Pídale a Dios que le quite este comportamiento habitual (1 Juan 5:14-15).* El enojo no es sólo un pecado sino un hábito. Ahora que es cristiano no sólo ha dejado de ser esclavo del pecado, sino que tiene un nuevo poder para vencerlo. Así, cuando incurre en enojo, admítalo como pecado, confiéselo en el nombre de Jesucristo, y disfrute de su limpieza. Usted también debería pedir que su hábito desaparezca, sabiendo que

cualquier cosa que pida dentro de la voluntad de Dios, El ha prometido hacerlo. Por lo tanto, usted puede confiar con seguridad de que este terrible hábito comience a desaparecer *gradualmente*.

4. *Pida ser lleno del Espíritu Santo (Lucas 11:13).* Cada vez que peque, es aconsejable que haga este pedido. Algunos maestros de la Biblia creen que automáticamente volvemos a estar llenos del Espíritu, en el momento que confesamos nuestro pecado—y puede que tengan razón. Pero como todavía no he encontrado el versículo que abona esto, prefiero pedirlo cada vez.

5. *Dé gracias por la fuente de su irritación (1 Tesalonicenses 5:18).* Es necesario que usted cambie su actitud mental en relación a la causa de su enojo. Esto significa empezar a dar gracias *en* y *por* las circunstancias o personas que lo originan (Efesios 5:19-20), reconociendo que sucedió para tu bien (Romanos 8:28)—aunque no haya sido algo bueno en sí mismo, ha sido beneficioso *para* usted. Tenga cuidado de no permitir que su mente siga pensando en esa vieja causa de su enojo. Si lo hace, siga de inmediato estos pasos nuevamente, terminando con la acción de gracias.

6. *Repita la fórmula cada vez que se enoja.* Los hábitos no se hacen en un día y tampoco habrán de desaparecer de la noche a la mañana. Pero a medida que repite estos pasos, la acción del enojo irá *gradualmente* desapareciendo. En mi propio caso debo admitir que de tanto en tanto me veo obligado a confesar una explosión de mal humor, pero tanto menos frecuentemente que hace diesiséis años . . . algo así como un 300% de mejoría—lo cual ya es como ser otra persona.

UN EJEMPLO DE SETENTA AÑOS
QUE VIENE AL CASO

Tres años después de haber obtenido la plenitud del Espíritu Santo, yo estaba desarrollando esta fórmula para curar el enojo, y comencé a usarla en mi tarea de consejero, con resultados que me llenaron de entusiasmo. Más o menos por esa época el Señor comenzó a darme la oportunidad de ser invitado para tomar reuniones en otras iglesias, en donde compartía estos principios, como lo hago ahora en los seminarios, usando un proyector. Una de estas reuniones tuvo lugar en una pequeña iglesia de Apache Junction, Arizona. Al cierre de mi mensaje final, un anciano de aspecto melancólico se me acercó y se presentó como diácono de la iglesia.

—Pastor LaHaye, me hubiera gustado escuchar este mensaje hace cuarenta años. He sido una persona de mal talante durante toda mi vida. ¿Le parece que un hombre de setenta años es demasiado viejo para probar su fórmula?

Para ser franco, yo mismo no lo sabía. Todavía no lo había visto aplicado en gente de esa edad. Así que oré rápidamente para encontrar una respuesta, y me escuché a mi mismo respondiendo:

—Para el hombre es imposible, pero con Dios *nada* le será imposible.

Advirtiendo que esto le levantaba ligeramente el ánimo, agregué:

—"Mi Dios pues suplirá todo lo que os falta, conforme a sus riquezas en Cristo Jesús".

Dos o tres versículos más me volvieron a la mente, y al final de nuestra conversación, se retiró lleno de esperanza.

Me olvidé del caso durante dos años. Cuando volví a un suburbio de Phoenix un tiempo después, advertí un señor de edad sentado junto con su esposa en el servicio de la noche, y me pareció reconocerlo de alguna parte. Cuando terminó la reunión, el hombre se presentó como el diácono de la iglesia de Apache Junction. "He venido a decirle solamente que estos dos años han sido los mejores de toda mi vida. Soy un hombre diferente—si no lo cree, pregúntele a mi esposa". Personalmente encuentro que esta es la prueba de fuego: *¡Lo que usted es en su hogar es lo que usted realmente es!*

EL PROBLEMA DEL TEMOR, LA PREOCUPACION Y LA ANSIEDAD

Después del enojo, uno de los problemas emocionales más comunes que acosa a las personas, es el temor en todas sus formas. El temor fue la emoción negativa inicial que encontramos en la Biblia, después que pecaron Adán y Eva. Por primera vez el hombre tuvo miedo del Dios que lo amaba y que lo había hecho. A partir de ese momento, esto actuó como un destructor emocional. El doctor McMillan afirma que el temor causa las mismas tensiones que acarrea el enojo. En consecuencia es la causa básica de las cincuenta y una enfermedades mencionadas. El pulso acelerado y lleno de tensión de la era nuclear en que vivimos ha aumentado la insidencia de la preocupación, al aumentar sus causas desencadenantes y disminuir muchas fuentes de seguridad. La migración mundial del hombre a las ciudades coloca al hombre en un ambiente competitivo que es mucho más conducente al temor, que el viejo estilo rural de vida.

El temor no siempre está relegado a una experiencia única, sino que se convierte en una manera de vivir. Las personas temerosas se preocupan y aflijen casi por cualquier cosa que es nueva o diferente, y algunas a veces refunfuñan acerca de cosas cotidianas. Una persona temerosa se inhibe a sí mismo vocacionalmente, socialmente, educacionalmente y sexualmente. Un asociado y yo estábamos esperando que se desocupara una mesa en un restaurante cuando observamos una escena patética. Un hombre de temperamento flemático, de alrededor de cincuenta años, estaba sentado muy dignamente al mostrador. Cuando la camarera le sirvió la comida y él le informó con mucha suavidad que no era la comida que él había pedido, ella se enojó y estalló contra él. Estaba humillado y ofendido, pero por no hacer una escena, sencillamente se fue del restaurante. Mi asociado me comentó: "Ese señor fue profesor mío de economía, en la universidad estatal de San Diego". Casi con seguridad que el buen hombre se había casado con una mujer que encontraba fácil amilanarlo sobre cualquier asunto importante en su matrimonio.

Todos experimentamos temor cuando debemos enfrentar algo peligroso o nuevo, pero si dejamos que ese temor nos impida hacer lo que deberíamos, entonces se descontrola. Sin duda que usted conoce esas personas que rehusan manejar un auto aunque han tenido amplia oportunidad de aprender a manejar. ¿Cuál es la verdadera razón por la cual no aprenden a manejar? Temor. Manejar un auto indudablemente no requiere tanta inteligencia o habilidad mecánica, de lo contrario, miles de personas en todas partes del mundo no habrían llegado a ser conductores tan peligrosos. Lo que sí se necesita es tener "agallas" (término que designa aquello con lo que se sobrepone al miedo natural) para manejar. Hacerlo repetidas veces, elimina por lo general el temor. Muchas de nuestras actividades rutinarias de hoy, nos causaron un miedo extraordinario la primera vez que las hicimos, pero mantuvimos nuestro temor bajo control, y proseguimos adelante, a pesar de nuestra incertidumbre. La persona inclinada al temor no se permite hacer aquello que le causa miedo. Hemos conocido a muchos que temían el casamiento, otros que sentían temor aceptar un cargo o emprender una acción riesgosa. En los últimos años he aprendido a esquiar, cosa que disfruto enormemente. En esta experiencia he conocido un buen número de personas que sentían miedo de esquiar, a pesar de que las laderas de las montañas están repletas de niños de cuatro y cinco años de edad. La mayoría de estas personas que se inhiben por miedo desarrollan una notable habilidad para hallar excusas por las cuales no hacer nada. Todas las iglesias reconocen el hecho de que muchos de sus miembros nunca han enseñado una clase de Escuela Dominical o escuela de verano, participado en un plan de visitación, o se han comprometido en alguno de los muchos programas de la iglesia local. El culpable verdadero (no importa cuáles sean sus ingeniosas excusas), es el temor. Hay un mayor número de personas que pierden oportunidad de testificar debido al temor, que por ninguna otra razón. Casi todos los cristianos que conozco desearían ardientemente compartir su fe y llevar a otros a Cristo—pero el temor sella sus labios.

Es el miedo el que ahoga la conversación y la comunicación en el hogar. Impide a muchos padres ponerse firmes en ciertas normas o preceptos, y es la causa de muchas reyertas familiares. Hemos observado con tristeza a lo largo de los años, cómo muchos padres temen disciplinar a sus hijos. Bev y yo hemos llegado a la conclusión de que el error más común que cometen los padres cristianos, es dejar que sus hijos adolescentes elijan sus amigos. ¡Puede ser fatal! Todas las hermosas enseñanzas de su niñez se van por la alcantarilla cuando una persona joven elige adolescentes carnales o no regenerados, como su mejor amigo. No pasa mucho tiempo en que el adolescente cristiano se parece y actúa como el que viene de un hogar no cristiano. La juventud de la iglesia parece perder todo el encanto para el nuevo cristiano carnal, a pesar de haberse criado con ellos como los mejores amigos. Es que simplemente ya no está en la misma onda espiritual que ellos. Trágicamente, la mayoría de los padres conocen el precepto bíblico que dice que las malas compañías corrompen las buenas costumbres (1 Corintios 15:33), pero tienen temor de decir: "No. No debes hacerlo", o "¡Basta!" ¿Por qué? Por temor. Temor de que su hijo adolescente ya no los quiera o se vaya del hogar. Irónicamente, pierden aquel que su temor trata que conserven.

¿Qué es lo que hace que ciertas personas se inclinen a sentir temor? Cualquier explicación empieza, lógicamente, por referirse a su temperamento. Los flemáticos son afligidos angustiosos. Los melancólicos temen las críticas, injurias, insultos, y al miedo mismo. Una persona que es parcialmente flemática y parcialmente melancólica, será, naturalmente, tanto temerosa, como preocupada e insegura. Los coléricos raramente son temerosos a menos que tengan una dosis fuerte de melancólico o flemático, como temperamento secundario. En *El varón y su temperamento,* obra en que desarrollo el tema de los doce matices temperamentales, doy el nombre de Col-Mel y Col-San a aquellas personas. El sanguíneo, como el colérico, no suele tener temor de nada, y hasta se atreve a ser temerario, pero es básicamente inseguro, así que gusta de complacer a otras personas al punto que se vuelve temeroso de ganar y mantener su aprobación. Cerca de la mitad de los temperamentos, y sus matices, pueden producir una persona con predisposición al temor.

El temperamento por sí solo no basta para explicar los temores, aflicciones y ansiedades de una persona. Lo prepara, sin embargo, a sentir una predisposición hacia la ansiedad mental, que puede atenuarse considerablemente por el amor, la disciplina y la seguridad en el hogar—sumado a un crecimiento espiritual firme. El mismo temperamento básico, sometido durante la infancia al rechazo, la falta de disciplina, o dominación irracional, pero sin desarrollo espiritual, sin duda que habrá de producir un adulto dominado por sus temores. Súmesele la posibilidad de experiencas traumáticas en la infancia, hábitos mentales negativos, y otros factores conducentes a suscitar una actitud temerosa, y de seguro tendrá un caso de real angustia entre manos.

EL ENOJO VERSUS EL TEMOR EN EL MATRIMONIO

Ya hemos visto que los cálidos y simpáticos sanguíneos muchas veces se sienten atraídos hacia el matrimonio, por melancólicos fríos, rígidos y perfeccionistas. Por otra parte, el impulsivo y explosivo colérico tiende a preferir el flemático calmado, placentero, que nunca se altera por nada. Esta combinación de temperamentos es una fórmula perfecta para ocasionar desacuerdos y desastres en el matrimonio debido al hecho de que los temores e inhibiciones del uno para con el otro causan incompatibilidades. Los temores de la niñez, suelen superarse frecuentemente, durante el período de los noviazgos, gracias al amor, al libido y los entusiasmos. Sin embargo, estos comienzan a volver gradualmente después que termina la luna de miel, y se instala la rutina cotidiana de la vida. Con las semanas y los meses, los temores de uno entran en conflicto con el enojo del otro. Si los miembros de la pareja no son personas notablemente poco egoístas, su amor—por más genuino—comenzará a resquebrajarse, hasta que eventualmente considerarán su incompatibilidad como fundamento para el divorcio. Cabe recordar aquí que esa incompatibilidad es un *resultado*—generalmente fruto del choque entre el temor y el enojo. En la obra *El varón y su temperamento* analicé en detalle cómo podía una pareja adaptarse al temperamento opuesto del otro. Sin embargo, me gustaría extender aquí el tema, y mostrar cuál es la solución de Dios al problema del temor. Porque aunque un esposo o esposa pueda aprender a adaptarse al mal humor o a los temores del cónyuge, eso no resolvería el problema del temor que inhibe a la persona temerosa, en numerosas áreas de su vida.

LA CURA PARA EL TEMOR

No se desilusionen si encuentran que la cura para el temor es casi idéntica a la cura para el enojo. Ambos son tendencias de origen temperamental, las cuales, debido a las circunstancias de la vida, se han vuelto un patrón de conducta profundamente enraizado. Con la ayuda de Dios usted podrá curarse del hábito de tener temor, de aflijirse y de sentir ansiedad, de la misma manera en que es posible curar cualquier hábito.

1. Enfrente el temor, las preocupaciones y la ansiedad como un pecado (Romanos 14:23).
2. Confiese la ansiedad, el temor o la aflicción desmedida como pecados (1 Juan 1:9).
3. Pídale a Dios que le quite el hábito (1 Juan 5:14,15).
4. Pida la plenitud del Espíritu Santo (Lucas 11:13).
5. Agradezca a Dios por lo que El es, y por lo que puede suplir para su vida, al enfrentar este problema (1 Tesalonicenses 5:18).
6. Repita esta fórmula cada vez que se sienta atemorizado.

LA HISTORIA DE BEV

Como yo ya he admitido ser el malhumorado de la pareja, estarán adivinando casi con seguridad, que era Bev quien, por naturaleza, padecía el problema del temor. A diferencia de muchas parejas, nosotros recibimos la plenitud del Espíritu la misma semana, de modo que los dos comenzamos el proceso de cambio al mismo tiempo. A medida que mi hábito pecaminoso del enojo iba siendo reemplazado por el amor del Espíritu Santo, por su paz y su autocontrol, los temores de Bev, sus aflicciones y su inseguridad, se iban modificando por la fe, la paz, el amor y el autocontrol. Esto, por supuesto, hizo maravillas en nuestro matrimonio. Además, transformó el ministerio de Bev. Antes de experimentar la plenitud del Espíritu Santo había limitado su ministerio a niños por debajo de los seis años. Aunque era la mejor superintendente del departamento de niños, jamás quería dirigirse a adultos. Gradualmente empezó a aceptar invitaciones para hablar en conferencias o banquetes organizados por grupos femeninos, y hoy es capaz de hablar dramáticamente ante un numeroso público femenino, y también mixto, en nuestros seminarios para la Vida Familiar. He observado cómo un pimpillo hermoso—otrora inhibido por sus propios temores y ansiedades, florece hasta convertirse en una rosa abierta, radiante, llena de gracia y de confianza inspirada por el Espíritu Santo. Pero Dios todavía quería hacer algo más en su vida.

El director de una junta misionera me escribió para agradecerme por haber escrito *Temperamentos controlados por el Espíritu Santo*, que según me dijo era "lectura obligatoria para todos los candidatos a misionero. Hay sólo un problema: Usted nos cuenta cómo Dios la liberó de su temor para hablar en público, pero luego admite en otra parte, que ella no pudo unirse a usted y al resto de la familia en el deporte del ski-acuático, porque tenía miedo del agua. El problema es que los candidatos a misionero que no saben nadar se identifican inmediatamente con ella, y la usan como excusa para no aprender a nadar—lo cual podría ser fatal para algunos de ellos". Siguió preguntando en forma muy amable: "Acaso no es tanto un pecado tener temor al agua como sentir temor por cualquier otra cosa?"

Pensé y relfexioné acerca de la carta durante un par de días, y luego la llevé a casa y le pedí a Bev que se sentara. "Tengo algo para que leas". En el momento en que comenzó a leer, me dirigí a la pieza contigua y le traje su caja de Kleenex (pañuelos descartables), que le estaban haciendo falta. Unos días más tarde la escuché decir por teléfono algo acerca de "lecciones de natación". Con mucha prudencia y sagacidad, se anotó en una piscina de agua templada para tomar clases de natación con un instructor flemático. No sólo se vistió con mi traje de goma (que uso en invierno para esquiar—no sólo porque me mantiene caliente sino que impide que uno se ahogue), sino que se colocó un cinturón salvavida. Luego se armó con el Nuevo Testamento, y se recordó a sí misma: "Nunca te dejaré ni te desampararé", y otros versículos que prometían el cuidado de Dios. Eventualmente se sintió capaz de descartar toda esa innecesaria vestimenta, y aprendió a nadar. No será nunca una candidata para las olimpíadas, pero logró conquistar su terrible miedo al agua.

El verano pasado, mientras la familia disfrutaba su viaje anual al lago Powell, para practicar ski-acuático, un día— sentado en la popa de nuestro bote alquilado, la observé nadando en aguas de más de cincuenta metros de profundidad, y pensé: "Quién sino Jesucristo, por medio de su Espíritu Santo podría haber reemplazado el miedo obsesivo por la confianza de la fe?"

EL PROBLEMA DEL EGOISMO

La bomba de tiempo número tres, en el arsenal de problemas matrimoniales, es algo que comparte toda la humanidad—el egoísmo. Todos nacemos con él, y en mayor o menor medida, nos persigue durante toda la vida. En mi opinión, una de las responsabilidades básicas de los padres, es educar a los niños, para alejarse del egoísmo natural. Cada bebé llega del hospital a su casa con la actitud egocéntrica de ser la única criatura sobre la tierra. La menor manifestación de necesitar alimento, dormir, o que se le cambien los pañales, ocasionará un alarido de protesta: "¡Exijo que se me atienda ahora mismo!" Aceptamos todo eso como algo natural porque el bebé todavía carece de madurez. Pero, a menos que se lo eduque para salir de esa actitud, mediante años de amor y disciplina, seguirá inmaduro después de los veinte años, y sólo será apto para un matrimonio riesgoso. Todo candidato al matrimonio debiera mirar cuidadosamente para descubrir cuál es el "coeficiente de egoísmo" de su futura pareja. Si no es egoísta, tanto sus temores como sus enojos se mantendrán mejor controlados, y cualquier otra característica negativa, será fácilmente pasada por alto. La persona a la que es más difícil seguir amando a lo largo del tiempo no es la que carece de atractivos, o posee una personalidad nula, sino el cónyuge egoísta.

Una persona egocéntrica piensa en sí misma primero y antes que en cualquier otra cosa. En consecuencia, dar y compartir le resultan un hábito difícil de cultivar. Todos los temperamentos tienen su propia tendencia hacia el egoísmo, pero algunos, por naturaleza, resultan más fáciles de corregir. Un sanguíneo es egoísta en relación a su persona, porque su ego gigante hace que necesite permanecer siendo el centro de atención en todo momento. Los coléricos atropellan egoístamente a los demás o los usan para su propios fines, para luego librarse de ellos cuando han terminado. Los melancólicos tienen la tendencia a ser egocéntricos y evaluar a los otros desde el punto de vista de lo que es bueno para ellos. Los flemáticos son sobreprotectores de sí mismos, a menudo temen ser heridos u ofendidos por los otros, y tienen la tendencia a ser mezquinos.

EL EGOISMO TERMINA SIENDO PERDEDOR

La felicidad depende de aprender a compartirnos con los demás, compartir nuestro tiempo, nuestro talento, nuestros bienes . . . En situaciones ideales, el amor se sobrepone al egoísmo durante el lapso del noviazgo, y muy frecuentemente durante la luna de miel. Pero gradualmente, los hábitos básicamente egoístas de una persona vuelven otra vez, y el amor va muriendo proporcionalmente. Por esa razón surgen rápidamente muchos problemas en el matrimonio—tan frecuentemente que los consejeros matrimoniales le llaman a esto la principal dificultad para adaptarse a vivir en pareja. Los métodos para manejar el dinero equitativamente y con frugalidad son importantes, pero mejorar el método nunca ha podido cambiar el corazón egoísta. Sólo hacen que sea más fácil convivir con el Señor Egocéntrico.

El dinero es sólo uno de los aspectos que se distorsiona con el egoísmo; otros son los niños, los padres, las vacaciones, los deportes, los pasatiempos, la relación sexual, la asistencia a la iglesia, la caridad hacia los demás, y muchas otras facetas de la vida.

La Biblia ofrece extensos comentarios acerca del egoísmo. Consideremos los siguientes ejemplos:

[La Regla de Oro de Jesús] Dar a otros lo que quisiéramos que otros nos brinden.

Ver Mateo 5:42; 7:12

Dad, y se os dará; medida buena apretada, remecida y rebosando darán en vuestro regazo; porque con la misma medida con que medís, os volverán a medir.

Lucas 6:38

Pero el que tiene bienes de este mundo y ve a su hermano tener necesidad, y cierra contra él su corazón, ¿cómo mora el amor de Dios en él?

1 Juan 3:17

Nada hagáis por contienda o por vanagloria; antes bien con humildad, estimando cada uno *a los demás* como superiores a él mismo; no mirando cada uno por lo suyo propio, sino cada cual también por lo de *los otros*.

Filipenses 2:3,4

El amor verdadero, el darse a uno mismo y dar de lo que posee a los que ama, son inseparables. El amor no es estático; es un motivador emocional que causa que las personas estén dispuestas a dar. El amor quizás more en el corazón de una persona egoísta, pero puede quedar bloqueado por el amor a sí mismo. Como veremos luego en un capítulo posterior, nuestras prioridades afectivas deberían ser: (1) amar a Dios por sobre todas las cosas; (2) amar a nuestro cónyuge y (3) amar a nuestro prójimo como a nosotros mismos.

LA CURA PARA EL EGOISMO

La misma cura básica para el enojo y para el temor, tendrá eficacia para el egoísmo, así que dejaré que el lector amplíe y aplique los siguientes pasos que doy abreviadamente:
1. Enfrentar el egoísmo como pecado.
2. Confesarlo.
3. Pedir a Dios que quite ese hábito.

4. Pedir ser lleno del Espíritu.
5. Agradecer a Dios por el amor suyo que fluye a través de nuestra alma, para hacernos personas más generosas.
6. Repetir la fórmula cada vez que haga, diga o *piense* de forma egoísta.

Gradualmente se irá desvaneciendo este hábito hasta ser reemplazado por una generosidad madura y un verdadero amor por los demás. También se irá alargando su paciencia para los otros, aumentará su capacidad de disfrutar de otras personas y ellos comenzarán a disfrutar de usted. Filipenses 2:3, 4, que hemos citado anteriormente, enfatiza las palabras *otro* y *otros*. Una persona madura y no egoísta, jamás se encuentra sin amigos, porque es tan evidente que vive alerta con relación a otros que ellos pueden advertirlo y se sienten cómodos ante su presencia. En una familia es un placer tener ese tipo de persona por la casa. En vez de estar interesado en sus propios derechos y posesiones, desarrolla una conciencia alerta hacia "los demás".

EL PROBLEMA DE LA INFIDELIDAD

Desde sus comienzos el mal uso del impulso sexual dado por Dios al hombre se ha demostrado como uno de los problemas más agudos del hombre. El Espíritu Santo estaba obviamente al tanto de ese hecho, porque en la lista de las diecisiete "obras de la carne" más frecuentes (Gálatas 5:19-21), las primeras cuatro son pecados sexuales: adulterio, fornicación, inmudicia, lascivia. Constituían un problema en Israel, la iglesia de Corinto estaba plagada de ellos, y se nos dice que el desenfreno del pecado sexual será común en los últimos tiempos.

En los primeros días de nuestro ministerio nos vimos ocasionalmente confrontados por todo tipo de infidelidad entre parejas—desde el incesto a la homosexualidad, y por todas las formas concebibles de fornicación—aun entre las familias que asistían a la iglesia. Por las razones ya mencionadas, las formas de tentación han aumentado en la actualidad, y el número de cristianos que caen en este pecado está aumentando alarmantemente. En muchas ocasiones se nos ha llamado para tratar de componer los pedazos de vidas destruidas por tales infidelidades. La gracia de Dios es suficiente para poner las cosas nuevamente en su lugar, pero la infidelidad suele dejar heridas que sólo años de fidelidad logran borrar. El plan de Dios siempre fue un hombre para una mujer, por todo el tiempo de sus vidas. Cualquier cosa que atente contra ello es un pecado contra Dios, y una traición a la confianza de su mejor amigo. Aun los cónyuges fieles, digámoslo de paso, no están excentos de tentación. Casi cualquier persona de impulsos fuertes ha tenido la oportunidad de hacerle trampa a su pareja, pero el amor, el honor, y el deber hicieron que rechazara la posibilidad. No es cuestión de que eso acarree laureles, pero evita la amenazante carga de culpa y de vergüenza que ello acarrea. Hemos hablado con parejas seis meses o un año después de haber caído en pecado alguno de ellos, y hemos hallado que ocasionó problemas de falta de ajuste en su vida de relación en lo sexual, que antes no habían experimentado. La paga de todo tipo de pecado es demasiado alta—y eso es particularmente cierto de pecados sexuales.

LA CURA PARA LA INFIDELIDAD

Hay dos razones por las cuales, la práctica de la inmoralidad es más fácil de quebrar que los pecados emocionales citados anteriormente. En primer lugar porque es tan obviamente un pecado que sólo un cristiano extremadamente carnal y terco diría que no es pecado (después que se lo descubre). Aunque en los últimos años algunos cristianos me han llegado a decir que sentían la plenitud del Espíritu mientras vivían lejos de su esposa y con otra mujer, la mayoría de los cristianos consideran que tal comportamiento es pecaminoso. El autoengaño es simplemente el resultado de un patrón de conducta pecaminoso que se ha hecho hábito. En segundo lugar, es más fácil vencer pecados sexuales que emocionales, porque aquellos no involucran un hábito. La sexualidad es una función física que compromete a dos personas. Pero el hábito de una actitud mental predispuesta a la sensualidad debe ser eliminado si es que se quiere tener una victoria permanente—porque aquella sí es un hábito.

Nuestro Señor era muy perceptivo con respecto a la naturaleza humana cuando dijo: "... pues él sabía lo que había en el hombre" (Juan 2:25), y nunca tan acertadamente como cuando afirmó: "... Cualquiera que mira a una mujer para codiciarla, ya adulteró con ella en su corazón" (Mateo 5:28). ¡El cristiano que no posee el hábito de la lujuria, jamás va a cometer adulterio! Aunque en el mundo secularizado de la psicología se sugiere comunmente que las fantasías sexuales son normales (la clásica respuesta de que "todo el mundo lo hace"), están equivocados. Esta premisa entra en conflicto abierto con las enseñanzas de Jesús. Como lo expresa uno de los pasajes ya citados en relación al Espíritu Santo: "Pues no nos ha llamado Dios a inmundicia, sino a santificación" (1 Tesalonicenses 4:7)—y esto comienza en la mente.

La generación de Noé estaba constituida por degenerados sexuales a quien Dios destruyó porque "... todo designio de los pensamientos del corazón de ellos era de continuo solamente el mal" (Génesis 6:5). Estos hábitos mentales son fácilmente encendidos en nuestros días, por el aumento de pornografía, películas prohibidas, etc., pero ningún hombre o mujer cristianos deben estar esclavizados por tal pecado. El que está en nosotros es mayor que el que está en el mundo. Por lo tanto, no tenemos necesidad de volvernos esclavos del pecado. Podríamos agregar que nadie que tenga su mente llena de pensamientos lujuriosos, podrá tener la plenitud del Espíritu Santo. Los seis pasos siguientes destinados a sobreponerse a la infidelidad—o a los pensamientos lujuriosos que la producen—proporcionarán una cura que actuará *antes* que esos pensamientos lleguen a inspirar las intensas emociones que desembocan en el pecado que sacude los matrimonios:

1. Admitir que todo pensamiento lujurioso y todo adulterio, son un pecado (Mateo 5:28).
2. Confiéselos cada vez que se produzcan (1 Juan 1:9).
3. Pídale a Dios que le quite el hábito y le limpie la mente (1 Juan 5:14,15).
4. Pida ser lleno del Espíritu Santo (Lucas 11:13).
5. Agradezca a Dios por la victoria, y concéntrese en pensar cosas limpias (Filipenses 4:8).
6. Repita la fórmula cada vez que caiga en pensamientos impuros.

Médicos de salud mental y estudiosos de la conducta humana nos dicen que 21 días de abstinencia son suficientes para quebrar un hábito. Yo lo comprobé en cierta oportunidad con el hábito de tomar café, dando por sentado que tendrían razón y para probarme a mi mismo que podía romperlo. Luego volví a tomar la costumbre porque el café me resulta agradable al gusto. Puede que esta fórmula actúe con éxito tratándose de hábitos menores, pero personalmente creo que se necesita más que eso cuando se necesita reeducar la mente o controlar nuestros hábitos mentales. En 2 Corintios 10:5 se nos dice que *es* posible hacer que nuestros pensamientos se vuelvan en obediencia a Cristo. En el caso de quienes han estado practicando el hábito de la fantasía mental lujuriosa por mucho tiempo, el lóbulo frontal del cerebro (el depósito de pensamientos, razonamientos y recuerdos) está saturado de imagenes lujuriosas a todo color. Le llevará a lo menos tres o cuatro meses de días mentales limpios para obligar a que esos recuerdos (aún tratándose de meras fantasías) retrocedan a una parte de la mente con menos influencia.

Trabajé con un caso durante un año en el que el individuo debió luchar intensamente con la lujuria. Finalmente se curó, cuando decidió multarse a sí mismo cada vez que cayera en pecado. Su multa autoprescripta era memorizar un versículo de las Escrituras. La última vez que lo vi estaba repasando un paquete de 129 versículos. ¿Por qué logró triunfar? Porque no estaba simplemente jugando.

EL AMOR SEXUAL MATRIMONIAL

La Biblia nos enseña claramente que uno de los principales propósitos del acto matrimonial es el placer mutuo y la disminución de las tentaciones sexuales. Los amantes de una pareja matrimonial disfrutan todo el calor, la intimidad y la plenitud que comparten, a lo que se suma la irradiación de un sentimiento de rectitud que surje de saber que Dios aprueba de ello. Ningún "affaire" clandestino podrá jamás igualar una experiencia sexual de esa naturaleza. Si usted está pasando por dificultades, o si su amor matrimonial no llega a satisfacerlo, le recomendamos que lea nuestro libro *El acto matrimonial.*

EL PROBLEMA DEL AUTORECHAZO

En los últimos años nos ha llamado la atención el problema universal de la autodesestimación. A diferencia de aquellas que ya hemos tratado, esta emoción no se hace fácilmente visible. Al contrario, puede llegar a internalizarse a tal punto que pasa desapercibida, porque adopta muchos rostros que varían de acuerdo a cada ocasión particular. La autodesestimación puede hacer que una persona se retraiga social y vocacionalmente, coharte la expresión de su personalidad, se sumerja en la autocompasión, admita su inferioridad, caiga en la depresión, o sucumba en un sinfín de otras falsas concepciones, algunas de ellas bastante ridículas. En el mejor de los casos hace que las personas se queden cortas en su apreciación de la vida.

Hay muchas causas para el autorechazo, incluyendo el mismo temperamento, pero el más importante es la desaprobación de los padres, la crítica, el rechazo de otros. Por lo general, el niño que ha recibido amor y ternura en su hogar, particularmente en las primeras etapas de su vida, no tiene el problema del autorechazo, a menos que tenga un temperamento fuertemente melancólico. Uno de los defectos del melancólico, es su espíritu crítico, que muchas veces vuelca sobre sí mismo. Una vida llena del Espíritu Santo es el único remedio para esto.

En *Cómo vencer la depresión*, entré en este tema en todos sus detalles, de modo que no voy a recargar aquí las cosas, excepto para enumerar las causas generales y la cura. La mayoría de las personas rechazan su aspecto, sus talentos, su medio ambiente, sus padres, su futuro . . . y sólo unos pocos rechazan las cinco cosas a la vez. Si lo hacen, por supuesto que están sumidos en un caso realmente grave. Aquellos que han leído nuestros libros pueden agregar una causa más de rechazo—el rechazo del temperamento propio. No importa cuál temperamento les haya tocado, siempre están seguros de que hubieran sido más felices con otro. En realidad, ningún temperamento—como lo he dicho repetidas veces en público y por escrito—es mejor que otro, aunque algunos son mejores que otros, *para ciertas cosas*. Por ejemplo, no creo que yo personalmente iría al Dr. Sanguíneo si supiera que tengo algo grave. Lo consultaría para un rápido chequeo si necesito, como piloto, un exámen médico que satisfaga a las Fuerzas Aéreas. Pero si tuviera la sospecha de que me aqueja algo serio, iría al Dr. Melancólico o al Dr. Flemático. (El Dr. Colérico es generalmente demasiado brusco. Cuando termina de inspeccionar y palpar el área afectada, ésta seguramente que se ha agravado. Pero es un excelente médico de campaña, en tiempos de guerra, o como supervisor de un pabellón de emergencia en algún hospital muy grande—siempre que no le toque hacer demasiadas decisiones en el acto.)

COMO CURAR EL AUTORECHAZO

El individuo que se rechaza a sí mismo debe primeramente reconocer que está abiertamente desafiando a Dios. Cuando no nos gusta nuestro aspecto, el tamaño de nuestro cuerpo, nuestro temperamento, o nuestro talento ¿a quién le echamos la culpa? Por supuesto que a Dios. El es quien organizó en el momento de la concepción los genes que nos componen. Muchas personas me han dicho o dado a entender, "No importa lo que usted diga, yo sé que si Dios me hubiera amado no me habría hecho de esta forma". Tal forma de pensar no solamente es un pecado, sino que llegará a causar enfermedades, lo cual no hace sino complicar el problema. Sólo si son capaces de enfrentar su ingratitud, su incredulidad, y su rebelión contra Dios, podrán tales personas aprender a aceptarse a sí mismas. Los siguientes pasos se aplican a lo que consideramos la cura para el autorechazo:

1. Enfrente y confiese el autorechazo como un pecado.
2. Pídale a Dios que le quite el hábito de autorechazarse.
3. Pida ser lleno del Espíritu Santo (Lucas 11:13).
4. Agradézcale por ser quien es, y como es (1 Tesalonicenses 5:18).
5. Repita la fórmula cada vez que caiga en autorechazo.
6. Trate de encontrar un área de servicio hacia Dios y hacia los demás (Romanos 12:1, 2).

Es de particular importancia que los cristianos que se autorechazan traten, al menos formalmente, de dar gracias a Dios una vez, por quienes son y lo que son. Si lo que rechazan es su cuerpo, entonces mírese a sí mismo en el espejo y dé gracias a Dios por su aspecto, en particular aquellas áreas que le resultan más difíciles de aceptar. Recuerde—si Dios hubiera querido que su aspecto fuera otro, lo habría hecho. Entonces dé gracias a Dios por sus talentos, y ofrézcaselos a El. Aun cuando usted considere que sus talentos son insignificantes, El es un maestro en tomar personas ordinarias y hacer con ellas cosas extraordinarias. Yo se lo puedo asegurar personalmente. Si yo le contara cuáles fueron mis notas primarias y universitarias en literatura, usted seguramente dejaría de leer este libro en el acto. Si conociera mi caligrafía, no entendería ni la mitad de las palabras. Nuestro Dios jamás se ató a los talentos, y desde el momento que El es la fuente de todo poder, permítale fluir por dentro suyo. Todo el mundo quedará asombrado de los resultados.

Usted podrá estar preguntándose por qué incluyo el autorechazo en la lista de los enemigos de la vida en familia. Estoy de acuerdo con Bill Gothard, cuando afirma: "La actitud de una persona hacia sí misma habrá de influenciar su actitud hacia Dios, hacia los demás, y también influenciará todo lo que hace". Para funcionar con el máximo de la eficiencia que usted posee, usted debe caer en cuenta que es lo suficientemente importante para Dios como para permitir que su hijo muera en lugar suyo, y que Dios quiere usar su vida, empezando por su propio hogar.

Muchos cristianos bien intencionados se aferran a la noción equivocada que sostiene que aceptarse o amarse a sí mismo es poco espiritual. Admito que uno de los frutos del Espíritu es la "pobreza de espíritu", pero nuestro Señor daba por sentado la aceptación de uno mismo cuando dijo: "Ama a tu prójimo como a ti mismo". La orden divina de Dios es clara—amarlo por sobre todo, luego a nuestro cónyuge y a nuestros hijos, y finalmente a nuestro prójimo y a nosotros mismos por igual. Si usted se desprecia a sí mismo, eso impedirá que usted pueda amar a su familia como debería hacerlo. Un excelente libro sobre este tema es el de James Dobson *Hide and Seek* (La felicidad del niño).

EL PROBLEMA DE LA DEPRESION

El hecho de que existen unos setenta mil suicidios por año debido a la depresión, es un testimonio de la gravedad de este problema. Cualquier consejero cristiano sabe que ésta es una de las trabas más frecuentes con las que se encuentra. Porque muchos cristianos rehusan acudir en ayuda de consejeros, se limitan a vivir con su aflicción, como si se tratara de una infección secundaria en el organismo, y fuera una parte necesaria de la vida.

Hemos guardado la depresión para el final, no porque sea la menos importante, sino porque ella es el resultado del enojo, del temor, de autorechazo. Los diversos síntomas y causas están detallados en *Cómo vencer la depresión*, libro que debiera ser de ayuda a quienes se encuentran azotados por este enemigo de la vida familiar feliz, ya que allí señalo que la cura *es posible*. Estoy convencido que ningún cristiano lleno del Espíritu Santo permanecerá deprimido. En efecto, la depresión es una advertencia de que uno no está lleno del Espíritu de Dios sino imbuído de sí mismo.

El problema de la depresión puede ser curado fácilmente, si uno está dispuesto a enfrentar la causa que lo motiva. Pero son muchos los que desisten allí mismo. La verdadera causa es *autocompasión* (a menos que se trate de un problema psicológico, lo que no es frecuente). Toda vez que una persona comienza a usar cualquiera de las razones que todos argumentan para sumirse en la autocompasión, comienza a deprimirse. Casi es posible seguir la ruta de nuestra propia depresión ya que su intensidad habrá de variar en relación con el grado de autocompasión. La secuencia temporal también es importante. Por lo general en un lapso de una a veinticuatro horas después de haber iniciado el proceso de autocompasión, uno comienza a advertir que está deprimido. Aquellos que han alimentado el hábito de la autocompasión durante años (hasta que son expertos en ello) pueden sentir sus efectos en cuestión de minutos.

La depresión jamás comienza sin haber sido provocada. Una persona feliz y bien equilibrada no se siente súbitamente deprimida, como si le hubiera sobrevenido un virus infeccioso.

Por lo general hallará que hubo algún incidente en particular, o recordará algún evento desafortunado—quizás el rechazo de alguien que ama, un insulto o una injuria. La siguiente fórmula para producir depresión debiera fijarse firmemente en su mente. Cada vez que se dé cuenta que está cayendo en la depresión de ánimo, piense en esta fórmula, y luego siga los pasos para curarse de ella.

Rechazo⎫
Insultos⎬ AUTOCOMPASION = DEPRESION
Injurias⎭

LA CURA PARA LA DEPRESION

1. Enfrente la autocompasión como un hábito mental pecaminoso.
2. Confiese este pecado mental.
3. Pídale a Dios que le quite este hábito mental.
4. Pida ser lleno del Espíritu Santo.
5. Agradezca a Dios en medio del rechazo, del agravio o de la injuria, porque El está con usted, supliendo toda su necesidad.
6. Repita esta fórmula cada vez que se siente deprimido.

EL HOGAR FELIZ, LLENO DEL ESPIRITU SANTO

Nos hemos explayado en lo que consideramos las seis áreas problemáticas más recurrentes que enfrentan las familias cristianas en la actualidad. Todas ellas entristecen o apagan el Espíritu Santo, y limitan el uso que Dios pueda tener de nuestras vidas. Si usted encuentra uno o más de estos problemas, invadiendo su vida o su familia, dígaselo a su pareja, y siga el procedimiento que recomendamos para su curación. Cualquier hogar que esté tan lleno del Espíritu que sus miembros prácticamente no ven nunca uno de estos enemigos atacando, disfrutará de un "canto en el corazón, una actitud de agradecimiento, un espíritu de sumisión—amor, gozo, paz, y todas las otras virtudes que realmente constituyen un hogar centrado en Cristo, un hogar feliz.

UNA NOTA PERSONAL

En este capítulo hemos hecho repetidas sugerencias de que lea nuestros libros. Esperamos que esto no le resulte enojoso—por cierto que no tenemos la intención de ser comerciantes. Nuestro propósito es ayudar a aquellos lectores que tienen un problema particular que nosotros hemos tratado con detalle. Lo que la mayoría de las personas no advierten en relación a nuestros libros, es que han nacido de nuestra experiencia como consejeros, y cada uno de ellos está enfocado hacia un problema en particular. Sucede que estos problemas resultan ser los más frecuentes con los que las familias actuales se tienen que enfrentar. Tenemos gran confianza en el poder del Espíritu Santo obrando en la gente por medio de la lectura, porque nosotros mismos hemos sido grandemente ayudados por los escritos de otros. También tenemos gran confianza en el poder de una decisión individual. Esto es, cuando un hombre o una mujer está dispuesto a enfrentar la mayor área problemática de su vida y considerarla un pecado, ya está en camino hacia su recuperación. En mi propio caso, era la ira. En el caso de Bev, el temor. Tenemos la esperanza, y oramos por ello, para que el Espíritu Santo le revele en la lectura de este capítulo cuál es el problema que está estorbando su vida de familia, y que esté dispuesto a tomar la decisión que podrá revolucionar su vida—considerarlo un pecado, permitir que Dios lo limpie, y quite ese hábito de su vida.

V

EL PAPEL QUE DESEMPEÑA LA ESPOSA

EL MAXIMO SELLO DE LA familia controlada por el Espíritu Santo no es la felicidad, los hijos, o la prosperidad. Es la obediencia a la Palabra de Dios. La felicidad y la plenitud que experimenta la familia controlada por el Espíritu es resultado de esa obediencia. Nuestro Señor dijo: ". . . bienaventurados [felices] los que oyen la palabra de Dios, y la guardan" (Lucas 11:28; vea también Salmo 119:1 y Juan 13:17). Los dos requisitos para la felicidad son escuchar la Palabra y guardar la Palabra. Basándonos en esos dos versículos hemos desarrollado la siguiente fórmula:

$$\text{Escuchar la Palabra de Dios} + \text{Obedecer la Palabra de Dios} = \text{FELICIDAD}$$

Todo el mundo busca una felicidad que sea duradera. No se encuentra, empero, como resultado de una búsqueda, sino en respuesta a la Palabra de Dios. Esto es particularmente válido en relación a la vida familiar. Por esa razón, ahora que ya hemos considerado cuál es la solución bíblica para cada uno de los seis enemigos fundamentales del matrimonio, volvamos al pasaje más largo del Nuevo Testamento que se refiere a la familia (Efesios 5:17-6:4) y examinemos cuáles son los tres resultados de la vida controlada por el Espíritu: (1) una canción en el corazón; (2) una actitud de agradecimiento; y (3) un espíritu de sumisión (5:19-21). Estos resultados preparan el escenario para el tema más significativo: los papeles de la esposa y el esposo.

Dios ha delineado muy claramente los papeles de la esposa y del esposo. Así como tienen características físicas complementarias, de igual modo disfrutan de papeles que se complementan. El éxito de ambos papeles demanda la cooperación de los dos cónyuges. Es por eso que al escribir las instrucciones acerca de los papeles, hizo la siguiente introducción en el versículo 21: "Someteos unos a otros en el temor de Dios". Las parejas que realmente se someten unos a otros, no tienen dificultad en aceptar la enseñanza bíblica acerca de los papeles o sujetarse a ellos, de tal modo que esto resulta en una ayuda para que el otro pueda cumplir el suyo.

El papel de la esposa está lleno del desafío o convertirse en una mujer versátil. Más que ser una mujer, una amante o una compañera, la mujer que busca el éxito tiene asegurada una carrera multifacética, un desafío que pocas profesiones pueden igualar. El círculo que aparece en la próxima página establece los varios papeles de la esposa, de los que nos ocuparemos en este capítulo.

Una compañera (o ayuda idónea) es aquella que puede suplir adecuadamente las necesidades de su cónyuge. En Efesios 5:22 se instruye a las mujeres: "Las casadas estén sujetas a sus propios maridos . . ." o que se sometan a ellos. Esto no significa que la mujer sea inferior o esté por debajo del hombre, sino que debe aceptar su autoridad. Ella es una subordinada, una vice-presidenta, que sirve directamente por debajo de la autoridad del hogar, o presidente, que es el esposo. Debido a que esto viene por designio de Dios, no puede ser una mujer espiritual a menos que obedezca el mandamiento de la sumisión. El

EL PAPEL QUE DESEMPEÑA LA ESPOSA

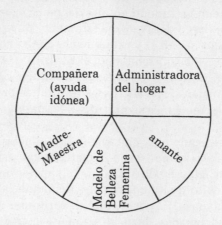

LA MUJER COMO COMPAÑERA
O AYUDANTE O SUBORDINADA

versículo 22 sigue directamente al versículo 18, en el que se le
dice que esté llena del Espíritu. La verdadera plenitud del Espíritu Santo hará que la mujer sea capaz de someterse al marido en amor.

Aquí viene al caso una advertencia a la mujer del siglo veinte. No se confundan ni se dejen descarriar por las falsas enseñanzas que están arrazando la sociedad. Mujeres audaces
están proclamando que una mujer no debería subordinarse a
su esposo. Que deberían hacer lo que les plazca, y actuar libremente, al punto de cambiar los papeles con su marido. Las si-
glas NOW, ERA, y IWY (movimientos feministas) pretenden
dar a sus líderes la autoridad para hablar por todas las
mujeres de Norteamérica. Sin embargo, muchas de estas feministas no están casadas con esposos felices, algunas están
divorciadas, otras son lesbianas reconocidas, y muy pocas os-
tentan las características de la femineidad. Cuando se rebelan
contra sus esposos y sus familias, están protestando contra
Dios. Las mujeres cristianas debieran levantarse y proclamar
unánimemente que las rebeldes feministas radicales sólo se re-

presentan a sí mismas. Y como mucho de su programa no está de acuerdo con el plan de Dios para la mujer, es imposible aceptar la totalidad de sus propuestas y permanecer siendo una mujer sometida al Espíritu.

La Biblia enseña que la actitud de la mujer hacia su marido debería ser de reverencia, respeto y sumisión. "Sumisión" no significa que la mujer debe despojarse de sus derechos, quedar maniatada, y reducirse a ser su "esclava". Por el contrario, la sumisión le proporciona *mayor* libertad—porque estará obedeciendo la ley de Dios, y siguiendo la senda de rectitud. De la misma manera en que nuestra libertad nacional sólo puede quedar garantizada en la medida en que nos sometemos a la ley, del mismo modo una persona sólo puede ser verdaderamente libre, en la medida que obedece los principios de Dios. Las desafortunadas líderes de los movimientos de liberación femenina que protestan por mayor libertad, jamás experimentarán la verdadera liberación hasta que vengan en primer lugar a Jesucristo y sigan su plan para la liberación de la mujer.

La sumisión no significa ni supresión, o represión, como tampoco el silencio; no encarcela a la mujer en un campo de concentración. Ser una verdadera compañera o "ayuda idónea", significa ayudar al esposo, ofreciéndole ideas, intuiciones y sentimientos. Toda esposa va a tener opiniones y convicciones personales acerca de la mayoría de las cosas, y no siempre coincidirán con las de su marido. La sumisión no implica cerrar la boca, anular su capacidad mental, y suprimir su individualidad. El esposo amante que es sabio, buscará conocer las opiniones de su esposa antes de tomar una decisión final. Hemos descubierto en nuestro matrimonio que con mucha frecuencia vemos las cosas desde diferentes puntos de vista, y muy frecuentemente no estamos de acuerdo en la manera en que debemos encarar situaciones difíciles. Gracias a que Tim me ha ayudado a desarrollar mis propias ideas y sentimientos, y así retener mi propia singularidad, escucha con respeto mis opiniones, y las toma en cuenta cuidadosamente antes de tomar la decisión final. Ocasionalmente lo he influenciado mal y ha tomado decisiones incorrectas. Esto me obliga a ser más cuidadosa, y pesar mis comentarios con cuidado, con la seguridad de que son palabras sabias, ya que ellas tienen un peso considerable en la opinión de Tim. He aprendido a lo largo de los años que el Espíritu Santo les concede una sabiduría especial a aquellos maridos que están siguiendo las normas de un hombre lleno del Espíritu. Una vez que la esposa ha manifestado sus observaciones y convicciones, se *somete*—en cuanto entrega a su esposo en manos Dios, para la última decisión. Deberá someterse aún más, cuando su decisión es contraria a su propia perspectiva. Después de todo, sólo puede haber una autoridad—un general, un presidente de la corporación. Cuando la esposa encomienda a su esposo y la decisión que él toma, a Dios, está sometiéndose plenamente, y dejando en manos de su Padre Celestial las consecuencias, sean buenas o malas.

La verdadera sumisión actúa cuando su actitud a sus palabras van de acuerdo. No es cuestión de *pretender* ser sumisa, ya que su actitud genuina y su deseo, debieran ser someterse. Además, no es cuestión de someterse simplemente porque él es "una persona maravillosa y se lo merece, porque ama verdaderamente a su mujer y procura continuamente obedecer la palabra de Dios". Tampoco protestará diciendo, "no me voy a someter a ese hombre carnal hasta que se corrija y recupere una sana estabilidad espiritual". No, se somete porque quiere ser obediente a Dios, y mantener con El una relación íntima. Las actitudes y actos de sumisión de la esposa son un barómetro de su relación con Cristo. El versículo 22 le ordena someterse a su propio esposo *como el Señor*. Los dos versículos siguientes comparan la relación esposo-esposa con la de la iglesia y Cristo. En la misma manera en que la iglesia se somete o está bajo la autoridad de Cristo, de la misma manera debiera la esposa estar bajo la autoridad de su esposo.

Recuerden, la esposa no debiera someterse por la sola finalidad de recoger los resultados a través de su esposo. La verdadera sumisión radica en obedecerle como compañera idónea, dejando el cambio en él, o los resultados finales, en manos de Dios. Una mujer me preguntó:

—¿Cómo voy a someterme a mi esposo si él no está obedeciendo lo que Dios le ha ordenado hacer?

Yo le contesté:

—La sumisión no depende de las acciones de su esposo. Déjelo en manos del Espíritu Santo.

Otra mujer rechazó la enseñanza respecto de la autoridad del marido, argumentando: "¿Por qué se habla tanto acerca de la sumisión de la mujer, y nunca se dice nada respecto de lo que se le exige al marido?" Debido a su actitud rebelde hacia Dios, esta mujer ha tenido dificultad en someterse totalmente a Jesucristo. Quiere jugar el partido de la vida a *su* manera, aun cuando termine perdiendo. No es posible ganar si no se siguen las reglas del juego de acuerdo a Dios mismo.

Mientras llevaba a cabo un estudio bíblico para mujeres una vez, una mujer afligida me interrumpió rezongando:

—¿Por qué es que a la mujer le toca la parte más difícil de la relación matrimonial, la de someterse?

Antes que yo pudiera contestar, una antigua rebelde transformada contestó:

—No estoy de acuerdo. Al hombre le toca la posición más difícil: debe tomar las decisiones finales, que afectan a la esposa, a los hijos, y a su futuro. Todo lo que se requiere de mi es someterme, y serle de ayuda. La culpa o la gloria de las decisiones recae solamente en él.

Eso estimuló una discusión muy animada, y llegamos a la conclusión de que los papeles designados por Dios para el esposo y la esposa no dependen de sus capacidades individuales, sino de su total dependencia en El, quien les dará la fuerza para cumplir con lo que se les ha asignado. En los ojos de Dios, estos papales están equilibrados: "Pero en el Señor, ni el varón es sin la mujer, ni la mujer sin el varón (1 Corintios 11:11). El hombre es cabeza de la mujer, pero es la mujer la que hace surgir al varón. El uno no puede funcionar adecuadamente sin el otro. A la esposa se le dice que se someta a él como al Señor. ¿Por qué? Porque el esposo toma el lugar de Cristo como autoridad responsable. El es cabeza del hogar, la imagen y la gloria de Dios, mientras que "la mujer es la gloria del varón" (1 Corintios 11:7). Ninguno de los dos tiene asignada una tarea fácil, pero sus papeles pueden llenarse cuando el Espíritu Santo está en control de sus vidas y su mayor deseo es ser obedientes a Dios.

La sumisión está destinada al esposo, "a su marido". No se

espera que la mujer se someta a los hombres en general. A partir de esta enseñanza bíblica se han generado posiciones extremas, como la idea falsa de que las mujeres deben someterse a todos los hombres, o que las mujeres solteras deben someterse a la autoridad de sus novios. No hay que confundir los límites claros de este mandamiento espiritual. La esposa debe respetar y reverenciar a *su propio marido*. Sin embargo, si una chica está considerando la idea de casarse, debiera preguntarse expresamente si su futuro esposo es alguien a quien ella podría someterse amorosamente después de casada. ¿Es el tipo de persona a la que ella podría respetar y honrar? ¿Podría ponerse voluntariamente bajo su autoridad? De lo contrario, su matrimonio corre un grave peligro, ya que se llevaría a cabo sin la bendición de Dios.

Una esposa ama las cualidades de su marido que lo distinguen de otros hombres. Se siente atraída por su masculinidad, y parte de esa hombría radica en que él habrá de ser el líder de la familia. Si rehusa someterse y comienza a dominarlo, destruirá aquella parte singular en él que refleja a Dios—su capacidad de liderazgo. Si subvierte este orden, está en camino de perder a consecuencia de ello, su propio amor y respeto por él. Una esposa que mandonea cargosamente, genera una de dos reacciones en el marido: (1) se vuelve terco, malhumorado y obstinado; o (2) se somete simplemente para mantener la paz, aunque por dentro comienza a resentirse con ella, y albergar amargura en su corazón. Cualquiera sean los resultados, él se convierte en algo inferior de lo que ella se imaginaba cuando se casaron. Eventualmente, aquellas características masculinas singulares que originalmente la atrajeron a él, se irán esfumando, dejando a ambos cónyuges insatisfechos y frustrados.

A medida que pasan los años, la mujer que no ha aprendido a someterse no sólo por medio de los hechos sino también en su actitud, se enfrenta tarde o temprano con otro problema potencial. Durante la época de la crianza de los hijos, fue ella quien los dominó, mandoneándolos de aquí para allá. Pero cuando los hijos hayan crecido, su incrementada autoconfianza y poder de dominación, habrá de dirigirse a su marido. Debido a que su ingenio y capacidad han crecido a lo largo de los años, su esposo puede quedar a merced de su dominación, y ser el único blanco de ella. Los años de descanso se vuelven entonces los años "de lucha dura y difícil", y no de "descansada paz". La etapa final de la vida es el resultado de lo que uno haya hecho desde el comienzo en su vida de pareja.

POR QUE DEBERIA UNA MUJER SOMETERSE A SU MARIDO

1. Nunca llegará a ser una mujer llena del Espíritu a menos que lo haga. No hay otra manera de llegar a ser una mujer piadosa a menos que se someta al mandato de obedecer a su marido. Cualquier otra demostración de la vida llena del Espíritu, sería ilegítima.

2. Ella tiene actualmente o experimentará en el futuro, la necesidad emocional de apoyarse en su marido. Su temperamento habrá de determinar si buscará este apoyo al comienzo del matrimonio o si alcanzará este punto cuando adquiera mayor madurez. Los temperamentos flemáticos o melancólicos se adaptarán con facilidad a buscar apoyo en el marido, temprano en el matrimonio. Normalmente se retraen del peso de ser independientes, y descubren que les resulta cómodo apoyarse en su cónyuge. Por el contrario, las mujeres sanguíneas o coléricas son mucho más independientes, y disfrutan del papel de liderazgo y responsabilidad. Pero aun ellas alcanzan una etapa en la vida en la que necesitan apoyarse en la fuerza y en la seguridad de un esposo amante. La forma en que se hayan sometido en los primeros años de matrimonio determinará en gran medida, cuánto pueden contar con sus maridos, para apoyarse en ellos en los últimos años.

3. Su esposo necesita que ella se le someta. Esto no es algo que el esposo aprende o trata de desarrollar. Es una necesidad innata que Dios ha puesto en él. Necesita enormemente ser respetado y admirado, de la misma manera en que ella necesita ser amada. El esposo puede llegar a ser la cabeza del hogar, de dos maneras. Una, gracias a la elección de la mujer de que así sea. Ella se propone en su corazón de que esto es lo correcto, y se somete, lo "elije" como la autoridad del hogar. La otra forma es cuando el esposo exige ser la cabeza y se vuelve un dictador autoimpuesto. La primera posibilidad; resultado de la elección de dos personas de ser guiadas por el Espíritu Santo, resultará en una vida armoniosa. La segunda es autoimpuesta, y por no dar lugar a la dirección del Espíritu, produce fricción y resentimiento. Un esposo no puede ser la amante autoridad sobre su esposa a menos que ella se lo permita mediante la sumisión.

4. *Sus hijos necesitan que ella se someta para crecer con una orientación sexual normal y un ejemplo correcto en cuanto a los papeles.* El potencial más grande de un hijo para el desarrollo de una relación matrimonial feliz y normal está fundado en el ejemplo que le hayan brindado sus padres. El hogar es en donde él aprenderá cómo funciona un esposo como cabeza del hogar, y una esposa como compañera idónea sumisa.

SOMETIENDOSE A UN MARIDO INCONVERSO

Muchas veces me hacen la pregunta: "¿Debería una esposa someterse a un esposo inconverso y hasta qué punto debe someterse a él?" Un gran número de mujeres cristianas están casadas con esposos inconversos, que no han aceptado a Jesús como su Salvador y Señor, así que este es un punto importante que se debe considerar.

Se nos ordena en 1 Pedro 3:1, 2: "Asimismo vosotras, mujeres, estad sujetas a vuestros maridos; para que también los que no creen a la palabra, sean ganados sin palabra por la conducta de sus esposas". ¿Está clara cuál es la respuesta? El "asimismo" está referido a 1 Pedro 2:21-25, en donde se establece que Cristo es nuestro ejemplo a seguir. Aún cuando nos habíamos extraviado como ovejas, ahora hemos vuelto al pastor. Usted, querida esposa, debe ser el ejemplo de Cristo viviendo en su vida, y mostrar una conducta y actitudes en el hogar que ganan a su esposo para Cristo. No serán sus palabras, ni sus rezongos, ni sus prédicas lo que lo ganen, sino su conducta dedicada y su sumisión. Cuando usted se ponga bajo su autoridad y le demuestre respeto, lo honre y le demuestre acciones llenas de amor, la figura de Jesucristo se hará más rápidamente visible en su vida, de lo que lograrían hacerlo sus palabras. Los rezongos y las prédicas, sólo habrán de crear un abismo entre su esposo y Jesucristo. Hay hogares en donde se predican más sermones de los que alcanzaría a predicar un ministro en su congregación. Y sin embargo, estas figuras dominantes y quejosas en el hogar, vienen a la iglesia y oran públicamente por sus esposos. Se haría mayor bien si fueran a su casa y pidieran perdón a sus esposos por tanto rezongo, y se colocaran "bajo su autoridad", dejando que su comportamiento hogareño hable por sí mismo. Jesucristo se muestra más hermosamente por medio de una vida cambiada, que por toda la oratoria del mundo. Si estas mujeres quieren ganar a sus esposos para Cristo, es mejor que se concentren más en su relación con Cristo y en someterse a sus esposos, que en actividades de iglesia, o en una vida social cristiana muy activa. Su oración debería ser: "Señor, cámbiame"—antes que "Señor, salva a mi esposo". Si el esposo todavía no se ha convertido, la mujer deberá pensar seriamente en la posibilidad de que "¡quizá él no haya alcanzado a ver lo suficiente de Cristo en mí!"

Sumisión es la palabra clave. La única excepción a esta regla absoluta, es si su esposo le exige que haga algo que es contrario a las enseñanzas de la Biblia, tales como robar, o cometer adulterio. Entonces él ya no está actuando bajo la autoridad de Dios, quien nunca nos autoriza a hacer algo que anteriormente haya prohibido. La Biblia nos enseña que ". . . es necesario obedecer a Dios antes que a los hombres" (Hechos 5:29).

LA ESPOSA COMO
ADMINISTRADORA DEL HOGAR

El esposo es el supervisor del hogar, pero la esposa es quien de hecho, lo maneja. Esto no significa que ella hará todas las decisiones. Más bien, pondrá en práctica todas aquellas medidas generales que ya han sido formuladas por el supervisor y gerente, incluyendo aquellas decisiones que caen bajo su dominio.

Norman V. Williams, en *The Christian Home* (El hogar cristiano), se refiere a los orígenes de las dos palabras, *"husband"* y *"wife"*. La palabra *"husband"* (esposo), viene de *"house-band"* (casa-atadura). El es quien "ata" o mantiene la casa unida. La fuerza y la estabilidad que debe poseer la casa, provienen del esposo. En contraste con ello, la palabra *"wife"* (esposa), proviene de *"weaver"* (tejedora). Ella es la que usa la habilidad de sus manos para "tejer" en la trama de la familia aquellas hermosas figuras que traen alegría y bendición.

Muchas veces las mujeres dicen: "Soy sólo una ama de casa", dando a entender que han pasado algo por alto en la vida por haber seguido dicha vocación. Esa es una razón por la cual se prefiere usar la palabra "administradora del hogar". Los retos de esta posición son tan numerosos que debería ser elevada al rango de "gerente". Nuestro standard para la administración del hogar se ha reducido notablemente desde que se nos dio el ejemplo de "la mujer virtuosa", descrita en Proverbios 31. Había una época en que esa mujer y yo, no teníamos relación alguna. En efecto, yo no hacía sino taparme los oídos al sólo oir mencionar su nombre. Consideraba que su nivel de eficiencia estaba muy por encima de las posibilidades de cualquiera, y además era impráctico. Pero hoy, quizá por haber desarrollado mayor madurez y espiritualidad, me doy cuenta que es un ejemplo brillante para toda mujer cristiana. Cuando sus funciones se traducen en actividades de la vida actual, expresan una meta práctica que podemos fijarnos para enmarcar aquellas cualidades que esperamos alcanzar. Por cierto que le quita el "sólo" de la respuesta "sólo una ama de casa".

Permítanme el privilegio de darles Proverbios 31:10-31 en una versión estilo-LaHaye, para la mujer del siglo veinte.

LA MUJER SIGLO-VEINTE DE PROVERBIOS

31:10   Una esposa excelente es difícil de encontrar. No se la puede comprar con joyas de mucho valor, o con sofisticados autos deportivos. Su belleza interior no es algo que se pueda comprar—supera por lejos lo que se logra con dinero.

31:11   Su esposo le confía todas sus posesiones. No tiene la preocupación de que ella habrá de agotarle la cuenta de banco, o le hará subir las cuentas a fuerza de darse gustos caprichosos. Antes bien, ella ayudará a ahorrar y economizar para poder establecer la seguridad financiera.

31:12   Ella es la compañera idónea para bien de su marido, una que "responde" a su amor, alguien que vive para lograr su plena realización.

31:13   Decora la casa, la mantiene arreglada, y hasta pasa el trapo con una canción en los labios y una alabanza en su corazón.

31:14   Hace las compras sabiamente en el supermercado local, y acude a los puestos de verdura fresca para conseguir los mejores productos, y proveer a su familia comidas bien balanceadas y nutritivas, agradablemente preparadas.

31:15   Se levanta temprano por la mañana y sirve un buen desayuno a su marido y a sus hijos, antes de llevar los niños a la escuela, y empezar sus tareas diarias.

31:16   Organiza ventas y bazares, y del dinero que saca, paga las cuotas para la educación cristiana de sus hijos.

31:17   Ejercita su cuerpo para mantenerlo físicamente apto y fuerte.

31:18   Se da cuenta cuando sus músculos están tonificados, porque puede estar a la altura de las actividades de la familia, hasta cerca de la noche.

31:19   Toma alguna costura en sus manos, cuando descansa, y se mantiene ocupada.

31:20   Se da tiempo para ayudar a los que tienen necesidad, haciendo alguna sopa o "viandas" para algún vecino enfermo y disponiendo de tiempo para trabajo voluntario en obras de caridad, y de asistencia a los pobres.

31:21   Se adelanta a las estaciones, y planifica qué ropas de abrigo harán falta en la familia, antes que caiga la nieve.

31:22   Selecciona su ropa con cuidado y se viste bien, sin ser extravagante. No se la ve en la calle con rizadores para el cabello, ni se viste para atraer la atención.

31:23 Su esposo es un comerciante respetado entre los líderes de la comunidad.

31:24 Administra una pequeña boutique para damas (otros lo llamarían un pequeño negocio en el garage), para vender alguno de los hermosos artículos que ella misma hace.

31:25 Sus características personales son el encanto y la confianza en sí misma, y enfrenta el futuro con alegría y esperanza.

31:26 Habla con sabiduría, por haber estudiado la Palabra de Dios, y su vida es un ejemplo de bondad hacia los demás.

31:27 Gobierna su hogar con gran prudencia, y no se pasa el tiempo sentada mirando televisión o charlando con sus amigas por teléfono.

31:28 Sus hijos la aman y respetan, y su esposo canta alabanzas de ella, diciendo:

31:29 "Tú, esposa querida, eres la mejor mujer que Dios podría haberme dado".

31:30 Una mujer simpática y atrayente puede resultar una desilusión, pero una mujer que teme a Dios, será alabada.

31:31 Sus hijos y su comunidad, que la conocen bien, serán testigos de lo que hizo, la admirarán y la harán objeto de su alabanza.

¿Se dieron cuenta cuál es el tema recurrente que aparece en todas las actividades de la mujer de los Proverbios? Su carrera está centrada en el hogar y en la familia. Todo lo que ella hace está destinado a mejorar su casa y beneficiar a los suyos. Es la "tejedora" que entrelaza todos los distintos hilos del hogar, para hacer con ellos una trama hermosa y acabada. ¡Qué carrera provechosa! Al final, se levantan para alabarla.

He aquí algunas de las características como administradora del hogar: reflejo de belleza interior como resultado de andar con Dios, compañera digna de confianza, administradora cuidadosa del presupuesto y no una derrochadora, esposa sumisa, ayuda idónea fiel, amante afectuosa, ama de casa alegre, dueña de casa prolija, decoradora de interior, agente de compras, sabia administradora de tiempo, cocinera creativa, chofer, mujer de negocios, inversionista sagaz de dinero, experta en salud física, fabricante de tejidos a mano, trabajadora voluntaria, vecina compasiva, planificadora del guardarropa, diseñadora de prendas, esposa de un marido ocupado, modista creativa, estudiante de la Palabra, caminante diaria al lado del Señor—ejemplo de lo que es una mujer llena de gracia y santidad. Su esposo le ha entregado el manejo del hogar—un área en la cual tomar decisiones y aguzar su sentido. No necesita en absoluto sentirse inferior o reprimida. En efecto, por momentos puede sentir que es más de lo que puede manejar, o bien puede visualizarlo como el emocionante desafío en la vida, que siempre deseó tener, y el que andaba buscando.

El éxito de la administradora del hogar depende de su actitud de corazón hacia la tarea que le toca. Hay mucha oportunidad para un perfeccionamiento creativo de sí misma en cada una de las áreas de la carrera de la mujer de Proverbios. O bien puede hacerse a la idea de que esta rutina es aburrida y que "es una prisionera de su hogar". La administradora llena del Espíritu desarrollará sus capacidades y dirá en su corazón, "Cualquier cosa que hagas, hazlo con alegría, como si lo hicieras para el Señor".

LA MUJER COMO AMANTE

La Biblia no dice mucho acerca de que la mujer ame a su marido, y sin embargo dice en varias oportunidades que los esposos deben amar a sus mujeres. La mujer pareciera tener una naturaleza emocional que hace que le sea más fácil amar. El esposo pareciera poseer aparentemente un tipo de mentalidad que es incapaz de abarcar más de un tema a la vez, que lo hace entusiasmarse con negocios, deportes y otras actividades, y por eso necesita que alguien le recuerde que debe amar a su esposa. Ella puede ayudarlo a que recuerde que debe amarla, presentándole un aspecto agradable y bien cuidado, tan atractiva como le sea posible. El amor no es una cuestión unilateral. Se desarrolla a partir de la mutua estima y admiración del uno por el otro.

A medida que ese sentimiento crece, puede llegar a expresarse muy hermosamente por medio del acto matrimonial. La mujer no tiene por qué temer disfrutar de este acto, puesto que fue creado por Dios. El Creador vio que no era bueno que Adán estuviese solo, así que formó a Eva y les dijo que fuesen una sola carne. Normalmente, la mujer es la que "responde" al amor de su esposo, pero es de acuerdo al designio de Dios que también ella sea la "iniciadora" de tanto en tanto. De acuerdo a 1 Corintios 7:3, 4: "El marido cumpla con la mujer el deber conyugal, y asimismo la mujer con el marido. La mujer no tiene potestad sobre su propio cuerpo, sino el marido; ni tampoco tiene el marido potestad sobre su propio cuerpo, sino la mujer". En el versículo siguiente se les encarga a los dos: "No os neguéis el uno al otro . . ." Muchos de nosotros crecimos en una época en que se consideraba que una mujer decente y bien educada no debía admitir que gozaba del acto matrimonial—y por cierto que no debía ser provocativa. Sin embargo, no tiene sentido que Dios le diera a la mujer autoridad sobre el cuerpo de su marido, si es que no era para gozarlo. En efecto, a la mujer le es dado el papel como amante del mismo modo que se instruye al esposo que ame a su mujer.

El amor puede alimentarse y desarrollarse en la medida que una esposa aprende a participar en los intereses de su marido. No está demás saber lo suficiente de las reglas del fútbol como para compartir su gusto por ese deporte. Y la esposa ganará mucho si aprende más acerca del trabajo de su marido, como para hablar inteligentemente acerca de él. Al establecer una relación dentro del marco de su interés, también está sentando un mejor fundamento para su relación amorosa. Después de todo, debiera haber mucho más en el matrimonio que esos momentos íntimos.

Una mujer puede mostrar su amor, volviéndose más atrayente. Con toda la ayuda que hoy existe para que la mujer mejore su aspecto, no hay ninguna necesidad de que dé el aspecto de ser un trasto viejo sacado de un depósito. Una gota de perfume y una cepillada al cabello le devolverán el brillo a la mirada. Puede tener un aspecto limpio y fresco cuando lo recibe al volver del trabajo, y estar lista a darle un beso cálido que tenga perspectivas para el futuro. Una chispa en sus ojos y una sonrisa en el rostro, le asegurarán de que está contenta de verlo, y si le llegan los aromas de una cena que se está cocinando, sin duda que se dará cuenta de que es así.

Hay otros beneficios en el amor, a parte del placer que de él deriva la esposa. Cuando los hijos ven a su padre y a su madre exhibir manifestaciones de amor el uno por el otro, les ayuda a edificar una atmósfera de seguridad alrededor suyo. Por el otro lado, cuando falta una relación amorosa positiva en el hogar, toda la irritación, las peleas y las constantes críticas que resultan de ello, habrán de influenciar negativamente el crecimiento emocional de los niños, y les instaurarán una personalidad insegura. La mejor manera de proveer a los hijos un futuro de felicidad, es criarlos en un hogar en donde madre y padre sean amantes el uno del otro.

¿Qué pasa si Mamá y Papá han perdido su primer amor? Es posible volver a recuperarlo, por medio del aprendizaje. Si la relación pareciera muerta—y el fuego necesita ser avivado—no pierda las esperanzas. Cristo puede aumentar su amor por su esposo si usted realmente le entrega su confianza. Al aconsejar a parejas que decían haber perdido su primer amor, Tim y yo hemos visto cómo ocurrían milagros. Cuando realmente querían restituir su amor y le pedían a Dios que les enseñara a amar como desde un comienzo, sucedía. Junto con las oraciones, por supuesto, también había un cambio de actitud. La tendencia a criticar, a fijarse en los detalles innecesariamente, a quejarse por todo, y mostrar en general una actitud negativa, son todos verdaderos obstáculos para el amor del cónyuge. Reemplazar estas actitudes con comentarios elogiosos, con aprobación, y con alabanza, seguramente habrá de constituir un paso gigantesco para llegar a ser un amante.

LA ESPOSA COMO IDEAL
DE BELLEZA FEMENINA

¡Este papel es de suma importancia! Aquí es donde se esconde el verdadero poder de la mujer. A veces se lo llama "la mística femenina". No estoy hablando sólo de su belleza femenina física, sino también de la "mujer escondida del corazón". La belleza física de una mujer habrá de deteriorarse y esfumarse con el tiempo, pero su belleza interior, se volverá más y más perfecta, a medida que madure en Cristo. Nuestra belleza, tanto exterior como interior, debieran ser un testimonio para Jesucristo. La apariencia externa debiera ser una manifestación de lo que hay realmente en su corazón.

ADORNOS EXTERNOS

Este tema provoca bastante controversia, pero me siento obligada sin embargo a continuarlo—porque es un concepto malentendido que juega un papel importante en la vida de la mujer. Aunque no esté de acuerdo conmigo, por lo menos acompáñeme hasta el final. Creo que cada mujer debe encontrar la respuesta exacta para sí misma delante de Dios, de modo que estoy dispuesta a respetar lo que Dios le ha guiado a hacer a usted, y espero que usted también respete la guía que el Señor me ha dado en mi propia vida.

DISCIPLINE SU CUERPO

¿Qué diferencia hace el arreglo exterior? Tiene mucha importancia, porque el aspecto de una mujer, su arreglo, y su tamaño, son indicios de quién es el que gobierna su vida— Jesucristo, o su ego. ¡Ah! ¡Qué áspero suena eso, pero también hablo de mí misma! Las veces que me he descuidado en mi aspecto, o que mi peso ha subido de repente, han sido los períodos en los que no he estado controlada por mi Padre Celestial. Era siempre en aquellos períodos en donde me había dejado caer en una falta de disciplina, descuido o autocompasión. Acepte su persona tal cual es, y luego proceda a pedirle a Dios que la ayude a cambiar las cosas que pueden ser cambiadas. Cuando termine de darse su próximo baño, échese un buen vistazo en el espejo, y encomiéndele a Dios cada rollo y cada bulto a Jesucristo. Pida sabiduría y disciplina para lograr traer cada uno de estos rollos bajo control. Esa misma actitud general de disciplina que hace que nos pongamos a estudiar la Palabra y tengamos una vida de oración disciplinada, será la que nos ayudará a controlar nuestro peso. He conocido gente que tenía tales "ataques de gordura" que debían literalmente orar cada vez que se sentaba a comer. No era una oración de gracias sino una oración que involucraba presentar el cuerpo a Jesucristo para pedirle control sobre la boca y lo que en ella se introducía.

¿Hay alguna diferencia entre fumar de más, beber demás o comer demás? La Biblia condena la glotonería, el beber en exceso, y todo abuso del cuerpo. Tengo una amiga que no puede dejar de fumar. Ha probado toda suerte de métodos y planes, pero ha fallado en sus intentos. Esa situación me preocupa mucho porque es una amiga a quien aprecio grandemente. Está en mi lista de oración, y la recuerdo a menudo. Estamos de acuerdo en eso, pero por otra parte, tengo amigas que son víctimas de la costumbre de comer excesivamente, y muchas veces me descuido y no siento la carga de oración por ellas. Fumar y comer en exceso son igualmente malos para el cuerpo, y ambos son considerados como pecados. Cuando una mujer deja que el Señor la controle, querrá llevar una vida disciplinada, que muchas veces afectará su aspecto exterior.

Déjenme hacer una observación para las señoras que son naturalmente dadas al arreglo, y no tienen problemas con el peso—cuidado con sentirse orgullosas espiritualmente por no tener problemas de exceso de peso. Sean pacientes y oren con sus hermanas menos esbeltas, recordando que muy probablemente ustedes tengan otras áreas de debilidad que aquellas no comparten.

PONIENDO UN MARCO AL CUADRO

Nuestro arreglo exterior no debería ser extremo, ni debería llamar la atención hacia nuestro ser visible. Hay quienes sienten que todos los cosméticos son malos, y otros opinan que está mal llevar joyas. Están las que usan todo un despliegue de cosméticos además de una variedad de aros, anillos y otras cosas. ¿Qué es lo correcto? "Vuestro atavío no sea el externo de peinados ostentosos, de adornos de oro o de vestidos lujosos, sino el interno, el del corazón, en el incorruptible ornato de un espíritu afable y apacible, que es de grande estima delante de Dios" (1 Pedro 3:3, 4). Esto no significa que *todo* arreglo exterior esté mal. Sin embargo, si toma prioridad con respecto al ornato interior, entonces sí es pecaminoso. Los ejemplos de trenzarse el cabello y usar adornos de oro, o poner vestidos lujosos, eran todas prácticas típicas de los griegos y romanos. Se dedicaba mucho tiempo y esfuerzo en la preparación de peinados extravagantes, y las mujeres entrelazaban joyas de oro, y fantasías ornamentales en su cabello. Los vestidos de esa época se hacían de sedas y brocados costosos. Cuando se daba a todos estos adornos una prioridad por encima de la actitud del corazón hacia las cosas espirituales, entonces estaban mal.

Es obvio que no tiene nada de malo ponerse un vestido, ni arreglarse el cabello, o usar joyas; todo depende de qué lugar ocupan estas prácticas en nuestras vidas. Los versículos de 1 Pedro nos advierten de restringir parte del tiempo que le dedicamos al embellecimiento exterior, para volcarlo en el estudio de la Palabra de Dios. El adorno no debería ser meramente externo. En otras palabras, es bueno tener cierto apoyo por parte de esas cosas pero debería ponerse más énfasis en "la mujer escondida del corazón". Con mucha frecuencia somos culpables de tomar en cuenta el aspecto externo de las personas y olvidarnos de la personalidad interior. Por otra parte, a veces es difícil descubrir la belleza interior, debido al estado deteriorado y descuidado del "envase" exterior. Es bastante acertado decir que nuestro aspecto exterior podría parecerse a una comida potencialmente nutritiva, pero servida con descuido. Todos esos ingredientes saludables y apetitivos están presentes para hacer una comida deliciosa, pero fueron servidos con descuido sobre el plato, sin ningún arreglo o disposición atractiva. ¿Por qué no tener un equilibrio? Que el arreglo exterior sea como un marco para rodear la figura de esa persona escondida del corazón. Un cuadro bien enmarcado es aquél que no atrae la atención hacia el marco mismo, sino que este sirve para hacer que el espectador centre su atención en el cuadro. Lo mismo sucede con nosotros. Nuestro marco no debiera restar atención del cuadro mismo—la persona interior. En cambio, debiera contribuir a que se centre la atención en la persona verdadera—la mujer interior, oculta.

Esto me recuerda aquel personaje bíblico, Ester, a quien se le dio un año para que mejorara su apariencia y persona. Dios quería que fuera hermosa, para que llegara a cumplir su propósito para ella. Se anotó en el "Centro de mejoramiento físico Shushan", y se sometió a todos los tratamientos que tenían para brindarle. Los primeros seis meses la trataron con aceite de mirra, y luego otros seis meses se destinaron a tratamientos de la piel con aceites y cosméticos. Esto es bastante diferente de los diez minutos que destino yo diariamente, si es que me alcanza el tiempo. ¡Con razón pudo Ester ganar todos los concursos de belleza de su día! Pero fue una mujer admirable—obediente a la dirección de Dios, paciente para esperar el momento oportuno en los planes de Dios, y valiente para cumplir un papel difícil.

Hay una tendencia que va en aumento en la actualidad que pareciera hacer que la gente joven prefiera el "estilo natural". Puede resultar sumamente atractivo si se lo hace con buen gusto, pero algunos de esos esfuerzos se han ido más allá de lo natural, con el resultado de que obtuvieron un aspecto *no natural* muy poco alagador. El aspecto descuidado, deslucido y arrugado no representa el tipo de persona llena de gracia que la Biblia usa como ejemplo. En efecto, mas bien creo que este tipo de apariencia exterior le está diciendo a la gente del mundo que el Cristo a quienes sirven, no es capaz de cumplir la promesa de Filipenses 4:19: "Mi Dios pues, suplirá todo lo que os falta conforme a sus riquezas en gloria en Cristo Jesús". Se describe a la mujer de Proverbios ataviada de hermosas vestiduras de púrpura y lino fino, y sin embargo se la describe como una mujer verdaderamente santa, que temía y respetaba a Dios. Su ornamento exterior no tomaba prioridad sobre la persona oculta del corazón.

LA BELLEZA INTERIOR

En 1 Pedro 3:4, se la llama la belleza "interna, del corazón". La Biblia enfatiza que nuestra prioridad debiera ser desarrollar esta persona interior. Es esta cualidad de un corazón afable y apacible que es preciosa ante los ojos de Dios. Esto no significa que todas las mujeres espirituales deben actuar como unas flemáticas totales. ¡Por el contrario! Dios nos creó a cada una como individuos únicos, con combinaciones variadas de todos los temperamentos. De modo que ¿por qué habría de pedirnos que seamos afables y calladas, o apacibles, si estas son cualidades del temperamento flemático? Un espíritu afable y apacible, es aquel que ha aprendido a ser tranquilo y constante en medio de todas las circunstancias que deben enfrentarse. Tanto el colérico como el sanguíneo son temperamentos conocidos por su tendencia a ser ruidosos y explosivos. Para tener un espíritu gentil y tranquilo, se necesita trabajar sobre las actitudes y hábitos, y caminar en el Espíritu. "Tú guardarás en perfecta paz a aquel cuyo pensamiento en ti persevera . . ." (Isaías 26:3).

Aquí es donde comenzamos a distinguir en dónde están realmente nuestras prioridades. La mayoría de nosotros sólo dispone de una cantidad limitada de tiempo en la cual puede elegir lo que quiere hacer. Muy pocas mujeres pueden unirse al grupo que juega boliche, tomar lecciones de tenis, unirse a un estudio bíblico semanal para mujeres, hacerse miembros del club de jardinería, y participar en el programa semanal de visitación de la iglesia—todo a la vez. De modo que tenemos que elegir cuáles han de ser nuestras prioridades. Puede llegar el momento en que sólo dispongamos de tiempo para hacer una actividad extra. ¿Cuál elegiremos? Podemos racionalizar las cosas y decirnos: "Me hace muchísima falta . . ." o, "Esto me hará una mujer más versátil . . ." Pero debemos considerar qué efecto tiene sobre la belleza interior, del corazón. ¿Ayudará para desarrollar un espíritu afable y apacible, que es precioso en los ojos de Dios?

La belleza de una mujer se adivierte cuando su vida muestra los frutos del Espíritu. Esto sólo puede venir como resultado de andar en comunión con Jesucristo: "Digo, pues: Andad en el Espíritu y no satisfagáis los deseos de la carne" (Gálatas 5:16). La mujer que camina conforme al Espíritu habrá de mostrar los frutos del Espíritu—amor, gozo, paz, tolerancia, paciencia, bondad, magnanimidad, fidelidad, gentileza y autocontrol. No importa cuáles sean sus rasgos físicos, tendrá un resplandor interior y una belleza que brillarán más que su aspecto exterior. Su andar diario será la clave de la mujer oculta del corazón. Si por el contrario, camina tratando de satisfacer sus deseos de la carne, su vida habrá de demostrarlo. Pero si camina bajo el control del Espíritu Santo, vivirá con los frutos del Espíritu en su corazón. Eso sólo se cumple si se estudia la Palabra de Dios, se tiene comunión diaria con El en oración, y se lleva a cabo la promesa diaria de dejar que la voluntad de Dios se cumpla en nuestras vidas. Esto transforma las actitudes, las acciones y las reacciones. Este andar no depende de la gracia con que movamos nuestras piernas y nuestros pies. ¡Todo lo contrario! Una mujer puede deslizarse con toda la flotante suavidad de una modelo de París, y sin embargo tener un "andar diario" que represente una persona "interior" mutilada y lisiada. He conocido mujeres piadosas que tenían un andar hermoso en su vida interior diaria, pero cuyos movimientos corporales eran torpes y sin coordinación. La belleza interior no depende de un cuerpo agraciado, sino de nuestra relación íntima y responsable, con Cristo Jesús.

LA ESPOSA COMO MADRE-MAESTRA

Una joven madre me dijo que se sentía como si estuviera manejando una guardería de atención permanente las veinticuatro horas, los siete días de la semana. Cuando una madre está en medio de esta etapa, parece que no va a terminar nunca y que sus esfuerzos no rinden fruto de inmediato. Si sólo pudiera tomar distancia y observar el cuadro en su conjunto, eso le daría ánimo y sería más diligente en sus esfuerzos. Desafortunadamente, muchas madres no pueden hacer eso—de modo que me gustaría ayudarles a ver el cuadro a través de mis ojos.

Los niños necesitan una madre para algo más que darles la

vida. Esto es sólo el comienzo. Cuando esa pequeña criatura única aparece en escena, está rodeada de misterio. Tiene todas las facciones de un adulto, pero en miniatura. Su llegada se rodea con mucha pompa y expectativa y sin embargo él no hace nada por retribuir ese amor a la propia mujer que lo dio a luz. Depende totalmente de la ayuda exterior y no tiene nada que ofrecer a cambio. ¡Qué desafío para la madre y qué dedicación requiere de ella! El bebé necesita del tierno cuidado de una madre que lo atienda sin egoísmo y sin cansancio y sin esperar mucha respuesta al menos durante los primeros meses de vida.

". . . Herencia de Jehová son los hijos; cosa de estima el fruto del vientre" (Salmo 127:3). Casi puedo escuchar algunas de ustedes jóvenes madres suspirar en desacuerdo, porque hay ciertas ocasiones en que los niños parecen más un castigo que un premio. Después de pasar la noche acunando a un bebé que llora a gritos, o de escuchar al director de la escuela informándole que su hijo anda mal en todas las materias, o enterarse que está enviciado por las drogas, no es difícil entender por qué algunos padres piensan que los hijos son más un castigo que un premio. Sin embargo los hijos son un regalo de Dios, y junto con el regalo ha provisto un manual de instrucciones sobre cómo entrenar y preparar ese regalo para la vida.

EL MANUAL COMPLETO DE INSTRUCCIONES

Un año le dimos para Navidad a nuestros hijos un completo juego de Construcciones. Con el equipo venía un detallado manual de instrucciones, y nuestros chicos disfrutaron el regalo porque siguieron esas instrucciones. Sin esa ayuda, el obsequio no hubiera tenido valor y hubiera sido una verdadera frustración. Construyeron hermosas y complejas estructuras porque leían el manual cuidadosamente y seguían sus indicaciones. El fabricante sabía lo que encerraba potencialmente el equipo de construcción, de modo que publicó el manual de instrucciones para beneficio y disfrute de quien recibiera el regalo. El Creador de todas las criaturas ha enviado un manual de indicaciones para que su regalo pueda ser disfrutado. Cuando las instrucciones son respetadas, es de esperar que uno desarrolle las capacidades potenciales de un niño construyendo una bella y compleja estructura con verdadero propósito y recompensa. Nuestros dos hijos varones leían el manual de instrucciones del juego de construcción y a veces disentían con respecto a cómo debía realizarse una estructura. Era importante que se pusieran de acuerdo para poder llevar a cabo las construcciones más complejas. Del mismo modo, madres y padres necesitan estar de acuerdo y unidos respecto al "cómo" antes de que puedan esperar muchos resultados. El Libro de Proverbios da más indicaciones para la crianza y formación de los niños que cualquier otro libro en la Biblia. Un capítulo de este libro debiera ser leído por los padres todos los días— debiera ser leído una y otra vez.

Es difícil separar el papel de madre del de maestra, porque gran parte de la descripción de las tareas de una madre resultan ser una responsabilidad educativa. Efesios capítulo 6 recomienda al padre supervisar la enseñanza y disciplina de los hijos. Pero la madre, como compañera, debe compartir ese proyecto y llevar a cabo las normas sobre las que han acordado. La madre pasa más tiempo con los hijos que el padre, de modo que es esencial que ambos trabajen juntos como un equipo.

PADRES UNIDOS

Probablemente las sesiones más dolorosas que hemos enfrentado como consejeros han sido aquellas en que madres y padres han fallado respecto a estar unidos en la enseñanza y disciplina de sus hijos. Cuando los años comienzan a revelar que sus ánimos opuestos han producido destrucción y desesperanza, vienen a nosotros con el corazón angustiado y la rebeldía de sus hijos. Los padres jóvenes evitarían estas situaciones traumáticas si decidieran unirse con respecto a la disciplina de sus hijos en los primeros años. Los niños advierten en seguida cuando papá y mamá no están de acuerdo, y empiezan a tomar partido en ese enfrentamiento, provocándolo. ¡Cuánto más efectivas serían las reglas y normas si ambos padres permanecieran firmemente unidos!

Una fórmula simple que propuse en mi libro *Cómo desarro-*

llar el temperamento de su hijo, puede ser puesta en práctica con provecho por todas las madres:

Instrucción + Amor + Insistencia = Educación efectiva

Son necesarios todos esos ingredientes para lograr una educación efectiva. Si se usan dos de ellos sin recurrir al tercero, la enseñanza será inadecuada.

La alegría de la instrucción viene cuando se empiezan a ver resultados. Puede llevar meses o años; sea diligente y "no perezosa en hacer el bien", porque llegará el día en que pueda desprenderse de su papel de maestra y disfrutar del premio del regalo. Si renuncia demasiado pronto, vivirá bajo el remordimiento de que debería haber continuado y sus hijos serían ahora diferentes. Ninguno de nosotros es perfecto. Al mirar atrás hacia los veintinueve años pasados como padres, advertimos que hemos cometido muchos errores. Pero de algún modo teníamos la dirección de nuestro Padre Celestial respecto a que nuestros hijos se resistirían a obedecer a Jesucristo si primero no aprendían a obedecer a sus padres. Estamos agradecidos hoy de que este firme principio de la obediencia cubre muchos de los errores que cometimos. Nuestros cuatro hijos caminan cerca del Señor y son sensibles a su orientación. No es tanto que tuvieran buen ejemplo de sus padres, sino que fueron criados según los principios bíblicos extraídos directamente del "Manual completo de instrucciones".

VI

EL PAPEL QUE DESEMPEÑA EL ESPOSO

NO ES FACIL SER UN buen esposo. Pero es difícil ser bueno en cualquier cosa—desde el matrimonio hasta los deportes o la educación. Si va a hacer algo, lo mejor es que procure ser lo más hábil posible. Afortunadamente, nosotros los cristianos no somos como las personas sofisticadas y seculares de nuestra época, que rechazan todos los principios orientadores de la vida y sostienen que cada generación debe encontrar por sí misma el mejor modo de vivir. Si la industria automotriz operara de ese modo, todavía estaríamos viviendo en la época del Modelo T. Sin duda esta es la razón de tanta infelicidad en la familia promedio—sus miembros están siempre a los tropezones, buscando la manera correcta de vivir.

La familia controlada por el Espíritu está atenta al manual de Dios sobre el comportamiento humano, la Biblia, la cual da instrucciones explícitas con respecto a cómo debe funcionar la familia. El siguiente diagrama muestra la variedad de papeles que Dios ha dispuesto para el esposo. Su contribución a la felicidad familiar está determinada por la forma en que asuma cada uno de esos papeles.

EL PAPEL QUE DESEMPEÑA EL ESPOSO

EL ESPOSO COMO LIDER DE LA FAMILIA

La primera responsabilidad asignada por Dios al hombre fue la de ser jefe de su familia. Nuestro versículo en Efesios 5:23 establece claramente: "Porque el marido es cabeza de la mujer, así como Cristo es cabeza de la iglesia, la cual es su cuerpo, y él es su Salvador". Esto concuerda con Génesis 3:16, donde Dios dice a la mujer: ". . . y tu deseo será para tu marido, y él se enseñoreará de ti". El principio se repite en 1 Corintios 11:3: "Pero quiero que sepáis que Cristo es la cabeza de todo varón, y el varón es la cabeza de la mujer . . . ."

Antes de que un hombre joven tome una novia y la aparte de la custodia protectora de su casa paterna, debiera estar preparado para asumir su liderazgo. No importa que ella sea una activa colérica y él un pasivo flemático—ella necesita un líder. Las mujeres más frustradas hoy en día son aquellas que interpretan la propaganda del Movimiento de Liberación Femenina como un llamado a dominar a sus maridos. En el "libro de los comienzos" (Génesis), donde Dios estableció el camino para que la gente lo recorriera al vivir, El dijo que el deseo de la mujer sería para el marido. Esto es, su mecanismo psíquico básico es el de ser la que sigue al hombre que le ofrece su vida, su hogar, sus posesiones. Una vez que se casa con tal hombre, su inclinación natural es seguirlo. Si él desatiende su papel de líder por negligencia, ignorancia (porque no vio ese papel ejemplificado en su padre o porque no conoce la Biblia) o por debilidad personal, está condenando a su esposa a una vida entera de frustración psíquica. Tales mujeres se vuelven gradualmente carnales, dominantes, neuróticas, y detestables a medida que pasan los años. Es difícil para la mujer someterse a un hombre que rehusa conducir. Un hombre joven sirve mejor a Dios, a su esposa y a sí mismo cuando asume de inmediato su papel de líder en el hogar. Hay muchas oportunidades para que una mujer de carácter fuerte utilice sus tendencias coléricas, ¡pero ser el líder del hogar no es una de ellas!

El respeto no es innato, como el amor. Debe ser ganado, y todos los esposos debieran recordarlo. Si sus hijos no le respetan como cabeza del hogar, toda su familia está en problemas. He conocido niños que amaban a su padre, pero sentían lástima por él porque no se desempeñaba como líder del hogar. Una de esas hijas, una joven de veinticuatro años, profesora de educación física en escuelas públicas y estrella de tenis, no podía tener una buena relación con su esposo, porque estaba llena de odio y amargura hacia su madre. Finalmente salió a relucir la historia. Su papá era un hombre cariñoso y generoso panadero que se encerró como una ostra y sucumbió a la dominación de su mujer. Apretando los dientes, la hija masculló: "Mi mayor deseo durante la secundaria era que por lo menos una vez mi padre cerrara el puño y golpeara la boca de mamá". Cualquier forma de disminución en el liderazgo masculino en el hogar tiene efectos desastrosos en cada miembro de la familia.

Cada vez que hablamos del liderazgo del hombre en el hogar, tendemos a compararlo con la vieja familia patriarcal europea donde el padre era virtualmente un dictador. Tal papel, aunque todavía es común en muchos hogares del noreste de Europa, no coincide con la enseñanza bíblica. La enseñanza de Dios respecto al liderazgo *siempre* se da sobre la base del amor, como veremos más adelante en este mismo capítulo. El marido debe ser líder de la esposa—*como Cristo es cabeza de la Iglesia.* Eso constituye un liderazgo de amor. Nuestro Señor nos dirige, nos guía, toma decisiones por nosotros, y toma responsabilidades por nosotros en un espíritu de amor y consideración, siempre basado en el supremo interés de nuestro bien.

La diferencia entre el liderazgo masculino en el hogar y el liderazgo masculino *de amor,* es que cuando el esposo debe hacer una decisión que afecta los deseos de su esposa e hijos, debe demostrar sus prerrogativas en el amor. "¿Cómo puede la familia estar segura respecto a eso?"—me pueden preguntar. Muy simple. ¿En beneficio de quién se toma la decisión? ¿Del marido? El egoísmo no tiene ningún lugar en la familia llena del Espíritu. Un líder amante siempre hará las decisiones finales en beneficio de su familia. Puesto que es humano, puede equivocarse a veces, pero su motivación debiera siempre estar dirigida hacia el bien de todos.

El papel que desempeña el esposo como líder es muy semejante al del presidente de una corporación. Muchos empleados trabajan bajo sus órdenes, algunos de los cuales, como su esposa, son sus iguales y otros son superiores a él, al menos intelectualmente. Andrés Carnegie solía decir que su éxito no podía ser atribuído únicamente a sus habilidades, sino al hecho de que empleaba subordinados que eran más capaces que él. Tal administrador, ¿podría ser un dictador sobre personas superiores a sí mismo? Nunca. Para obtener su máxima productividad, les daría la mayor libertad posible dentro de la estructura de la corporación, y tomaría siempre en cuenta sus pensamientos y opiniones al hacer decisiones. De la misma manera, un esposo sabio tomará en cuenta los sentimientos e ideas de su esposa e hijos (a medida que éstos maduran). Muchas veces coincidirá con sus argumentos, pero eso no rebaja ni un grado su liderazgo. En otras ocasiones, sin embargo, podrá rechazar su sugerencia y decidir algo impopular. Ofrezco cinco consideraciones para ese caso:

1. Nunca tome una decisión sin escuchar y evaluar el punto de vista de la esposa.
2. Siempre ore pidiendo la sabiduría necesaria para

tomar decisiones, tal como Dios promete darla. (Santiago 1:5)

3. Siempre verifique sus motivaciones. ¿Es realmente para el beneficio de la familia o está motivado en un prejuicio egoísta?

4. Tenga tacto al llevar a cabo su decisión. Un padre sensible no alejará a la familia que ama.

5. Una vez hecha la decisión, no retroceda bajo presiones ("trompa", cólera, frigidez o cualquier otra manifestación carnal). Sin embargo, permanezca abierto a cualquier evidencia futura que le haga ver que su decisión queda obsoleta y necesita ser cambiada. En el plan de Dios, el esposo debe hacer las decisiones finales.

El liderazgo no es un papel fácil de mantener, y a veces, después de tomar una decisión, el líder puede sentirse terriblemente solo. Para ser honesto, no siempre me gusta tomar decisiones por la familia, pero eso es parte de mi trabajo—y también es el suyo, como esposo. Dios le hace responsable como la cabeza colectiva de su hogar. Sea justo, sea razonable, sea amante,—pero sobre todo, sea un líder.

La toma de decisiones se torna más compleja a medida que crece la familia. Como se ve en el siguiente diagrama, la madre que funciona como un administrador—trabajando en relación más directa con los hijos y la casa de lo que lo hace el padre—está en condiciones de hacer decisiones primordialmente desde esa perspectiva. El padre tiene que evaluar sus sugerencias, pero desde una perspectiva más amplia. Es una esposa sabia la que trata de comprender la decisión del marido si no pueden afrontar unas vacaciones, ropa nueva para los chicos o un nuevo mueble. Puede estar previendo una posible suspensión de empleo, impuestos o reparaciones de la casa. Una de las áreas más difíciles en la interrelación personal surge cuando se intenta ver la vida a través de los ojos de otra persona. Lo ideal es que, a pesar de sus diferencias temperamentales, las parejas puedan ver las cosas del mismo modo a medida que su amor madura.

LA SUCESION DE AUTORIDAD ESTABLECIDA POR DIOS

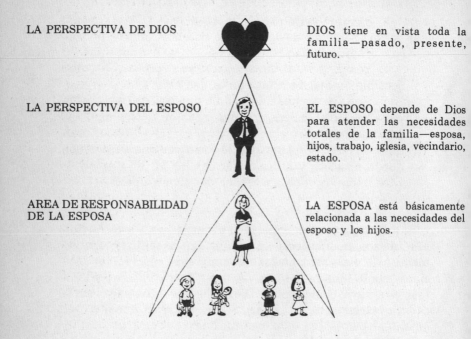

LA PERSPECTIVA DE DIOS

DIOS tiene en vista toda la familia—pasado, presente, futuro.

LA PERSPECTIVA DEL ESPOSO

EL ESPOSO depende de Dios para atender las necesidades totales de la familia—esposa, hijos, trabajo, iglesia, vecindario, estado.

AREA DE RESPONSABILIDAD DE LA ESPOSA

LA ESPOSA está básicamente relacionada a las necesidades del esposo y los hijos.

UNA NOTA PARA LOS ESPOSOS—LA OTRA CARA DE LA SUMISION

Antes de pasar a otro tema, corresponde hacer dos reflexiones respecto a los esposos. La primera se relaciona con la sumisión desde la perspectiva femenina. No es fácil para una mujer de carácter fuerte someterse al esposo "en todo". Aun estando llena del Espíritu Santo, una mujer colérica tendrá que aprender ese papel. Como esposo, usted puede ayudar siendo justo al escuchar su punto de vista con cuidado y aceptarlo cada vez que sea posible sin renunciar a su papel como líder. Si usted es predominantemente melancólico y su mujer es colérica, no se sorprenda si muchas de sus sugerencias son más prácticas que las suyas. El esposo sabio no deja por ello de ser plenamente hombre al admitir que con frecuencia las ideas de ella son mejores que las suyas.

En nuestro caso, Bev demora mucho más tiempo que yo en tomar una decisión, pero siempre que lo haga a tiempo, su juicio resulta generalmente mejor. Aprendí hace ya muchos años que no es posible presionarla para que haga decisiones rápidas. De hecho, siempre arroja un balde de agua helada sobre cualquier cosa que se le propone en forma sorpresiva. En nuestra temprana etapa de egoísmo, eso llegó a ser un motivo de conflicto, porque cuando yo evaluaba una proposición y le imponía mi decisión, ella se plantaba con obstinación—pero yo la forzaba a seguir adelante conmigo. Por cierto que no chillaba ni pataleaba—los flemáticos no hacen eso—pero era especialista en arrastrar los pies. Yo disfrutaba plenamente de mi papel de "presionador", pero mis tácticas de gestapo no hicieron ningún bien a nuestro matrimonio. Ahora he aprendido a no arrojarle nada en forma sorpresiva. En cambio, con amor, planifico a largo plazo y le doy suficiente tiempo de ventaja. De hecho, una buena táctica es esta: "Querida, tengo una idea; no te decidas ahora, pero piénsalo". Luego le comento el plan y lo postergo por unos días. Cerca del 85% de las veces ella termina estando de acuerdo o mejorando mi idea cuando volvemos a conversar. El otro 15% de las veces o bien descartamos la idea o ella me sigue gozoza, ahora que está también llena del Espíritu.

El punto clave es encontrar la forma de adaptar su liderazgo al temperamento y a las necesidades de la personalidad de su esposa. Su acuerdo y sumisión no deben lograrse a expensas de su autoestima—si es que usted va a dejar que ella exprese su opinión y luego demostrarle que la valora. Por ejemplo, nunca olvide que ella es mejor conocedora de las necesidades de los hijos que usted. Para cuando cumplen cinco años, ella ha pasado ya diez veces más tiempo con ellos que usted y en consecuencia los conoce mejor. Desearía que todos los esposos pudieran sentarse en el consultorio del consejero familiar y escuchar a la esposa inteligente, educada y amante, exclamando: "Lo que más me enfada en mi marido es su negativa a escuchar mi punto de vista en un problema". Las esposas no quieren tanto la aprobación como la plataforma en la cual puedan expresar sus opiniones. Todos tenemos algo que aprender de la encuesta realizada por la Liga de Familias Numerosas en Bru-

selas (citado en *"The seven stumbling blocks ahead of husbands"*, una publicación del Instituto Americano para las Relaciones Familiares), donde se indica cuáles son, a juicio de las
esposas, los siete defectos más comunes en los esposos:

1. Falta de ternura.
2. Falta de caballerosidad.
3. Falta de sociabilidad.
4. Falta de comprensión del temperamento y las particula-
ridades de la mujer.
5. Falta de equidad en cuestiones financieras.
6. Comentarios socarrones o burlones en presencia de otras
personas o de los hijos.
7. Falta de una total honestidad y sinceridad.

DESACUERDOS ENTRE
PERSONAS LLENAS DEL ESPIRITU

Aun dos personas llenas del Espíritu Santo no estarán totalmente de acuerdo en todo. Si eso fuera un requisito, Bev y yo
quedaríamos descalificados, porque vemos todo de una manera diferente. A mí me gusta trabajar con ahínco hasta el momento mismo de salir de vacaciones, cargar el auto, y luego,
mientras hago marcha atrás en el garage rumbo a un viaje de
cuatro mil quinientos kilómetros, pregunto: "¿Podrías ver si
encuentras un mapa en la guantera?" Bev es el tipo de persona que dos meses antes se dirige al Automóvil Club para definir una estrategia básica para el viaje. Esa diferencia se pone
de manifiesto en todas nuestras decisiones—desde los cereales
para el desayuno hasta el empapelado de la pared. Nos sor-
prendemos más cuando estamos de acuerdo que cuando diferi-
mos.

Poco después de ser llenos del Espíritu Santo, desarrollamos
un método simple que nos ha ayudado a definir esas elecciones
opuestas. Siempre que sea "cómodo" hacerlo, uno de los dos
cede y consiente con el otro (cerca del 40% de las veces, cada
uno de nosotros cede en un 20%). El restante 60% de nuestros
conflictos se serenan decidiendo que "vamos a orar al respecto". Dios ha prometido dar sabiduría a sus hijos cuando la pi-

dan, y hemos comprobado que realmente lo hace. El hace que uno de nosotros se someta gozoso al punto de vista del otro, o bien nos orienta a una decisión totalmente diferente. Así, el número de veces que me veo forzado a tomar una decisión que resulta molesta para Bev, es cada vez menor.

SER UN BUEN LIDER

La segunda reflexión sobre la sumisión desde el punto de vista de la mujer es que le resulta más fácil a ésta respetar a un hombre que se desenvuelve con firmeza y es un buen líder. Todos los temperamentos tienen debilidades naturales para ejercer el liderazgo, pero deben ser fortalecidos. Los coléricos son líderes fuertes, agresivos que necesitan desarrollar compasión y consideración hacia otros. Los sanguíneos tienden a ser líderes inconstantes, dispuestos a hacer decisiones inmediatas e imposibles, que esperan que la esposa lleve a cabo. Necesitan aprender a tomar menos decisiones pero que éstas sean deliberadas y llevarlas a cabo con gracia. Los melancólicos tienden a ser legalistas "buscadores de piojos", que llevarían la familia al estilo de vida del Antiguo Testamento o a las reglas farisaicas y todavía entonces encontrarían algo criticable. Necesitan tornarse en líderes conocidos por su "dulce razonabilidad". El flemático debe procurar ser más agresivo como líder. Prefiere encerrarse en el garage después del trabajo y enfrascarse en el banco del taller, abdicando su papel de líder en favor de la esposa justo cuando sus hijos adolescentes están tomando decisiones y haciendo evaluaciones que definen sus vidas.

La esposa de un misionero vino a vernos con lágrimas en los ojos después de nuestro seminario en la ciudad asiática donde trabajaban, y nos dijo: "Estoy perdiendo todo el respeto por mi marido. Deja toda la disciplina de nuestros hijos adolescentes a mi cargo". Este hombre, curiosamente, era un excelente misionero. Pero ejercer un liderazgo familiar fuerte le resultaba muy difícil, de modo que en vez de confiar en que el Espíritu Santo le daría el autocontrol y la capacidad que promete dar estaba cosechando el resultado de su abandono de liderazgo en un momento crítico de la vida de sus hijos. Un detalle que nos comentó fue su actitud respecto a los programas de televisión, que llega a ser uno de los mayores motivos de contienda en la mayoría de los hogares cristianos, si el problema no se resuelve antes de los cinco años de edad. Puesto que el nivel moral (corrupción sería la palabra adecuada) de los programas era cada vez más bajo, determinó rigurosamente qué programas podrían ver, pero dejó la ejecución de la norma a cargo de su esposa. Si él llega a la casa y los encontraba mirando un programa que él había prohibido, se dirigía a ella y se quejaba:

—Estás dejando que esos chicos vean un programa que he prohibido.

Cuando ella contestaba:

—Bueno, díles que lo apaguen, él respondía:

—Esa es tu tarea.

Así, la cabeza espiritual de la familia abdicaba su papel y desempeñaba un papel secundario detrás de su señora, a pesar de que Dios ha provisto a los hombres con un registro de voz más grave y un porte masculino que les hace más fácil la disciplina de los hijos mayores que a sus esposas. Yo descubrí que en situaciones similares, bastaba con expresar en el menor tono de ordenanza: "Chicos, ¿quieren cambiar ese programa ustedes o quieren que lo haga yo?" Esa era la señal que los colocaba ante dos opciones: (1) cambiaban el canal para buscar un programa más decente; o (2) yo apagaba el televisor.

El amor y el respeto van por la misma calle: uno no dura mucho sin el otro. Para conservar el amor de su esposa, debe ganarse su respeto, y créame, ¡usted necesita su respeto!

EL ESPOSO COMO AMANTE IDEAL

Después de Dios, el mayor amor en la vida de un hombre debiera ser su esposa. Se le ordena amarla más que a su prójimo, puesto que Efesios 5:25 establece que debe amarla como Cristo ama a la iglesia. En cambio se le dice que ame a su prójimo "como a sí mismo". La palabra griega usada aquí para *amor* es la misma que se usa en Juan 3:16 y otros pasajes que habla del amor de Dios que entrega a su hijo. Por esta razón decimos que un hombre debe amar a su mujer hasta el sacrificio.

El ya fallecido Dr. Harry Ironside, mi maestro preferido de Biblia, una vez contó de un joven esposo que le consultó preocupado de que amara tanto a su esposa que pudiera interferir su amor para con el Señor. El muchacho dijo que ella era el objeto de su primer pensamiento a la mañana, y el último a la noche. La llamaba varias veces en el día. Aun cuando oraba, no podía quitarla de su mente. El sabio Dr. Ironside le preguntó:

—Joven, ¿la amas lo suficiente como para morir por ella?

Después de dudar por un momento, él respondió:

—No, creo que no, —a lo que el anciano consejero replicó:

—¡Su problema es que no la ama suficiente!

Ninguna emoción es tan necesaria, tan comentada y tan incomprendida como el amor. Resmas de poesías se han escrito sobre el amor; novelas, dramas, películas lo han retratado; la raza humana nunca se cansa de oir hablar del amor—sin embargo excepto el amor maternal, la verdadera expresión del amor es rara vez experimentada. El verdadero amor marital es sobrenatural, viene como resultado de ser lleno del Espíritu Santo. Ese tipo de amor es un tesoro que crece y madura a través de los años, sin depender de un acontecimiento particular y requiere toda una vida para expresarse. Como consecuencia de un hombre y una mujer que comparten sus personas en forma incondicional, el amor puede absorber conflictos, desacuerdos, decepciones, tragedias y aun egoísmo. No depende de que las dos personas sean perfectas, sino de que estén llenas del Espíritu de Dios. El amor es la forma ideal de enfrentar el desconocido y potencialmente quebrado camino del futuro. Es al matrimonio lo que los paragolpes al auto—amortiguan los golpes de la vida. Un esposo que cultiva un amor así tiene garantizado una segura retribución a su inversión (Gálatas 6:7, 8). Realmente justifica toda una vida de cultivo.

EXAMINE SU AMOR

A lo largo de los años se nos ha pedido que formulemos un examen que revele básicamente el amor del marido por su esposa. Las siguientes preguntas son bastante reveladoras. Puede asignarse una púntuación de 0 a 10 en cada una. Léalas con cuidado y procure ser objetivo.

1. _____ ¿Se siente usted afectivamente impulsado a satisfacer las necesidades y deseos de su esposa al punto de que le inspire la voluntad de sacrificarse para proporcionárselos?

2. _____ ¿Disfruta usted de su personalidad, su compañía, su amistad?

3. _____ ¿Comparten metas e intereses sobre los cuales pueden comunicarse libremente?

4. _____ ¿La respeta y admira a pesar de reconocer sus necesidades y debilidades?

5. _____ ¿Sienten atracción sexual mutua que les conduce con frecuencia a lograr satisfacción conjunta en el acto conyugal?

6. _____ ¿Desean tener hijos (si es físicamente posible) que hereden sus características físicas y temperamentales y a quienes puedan impartir sus valores morales y espirituales?

7. _____ ¿Tiene usted una fe vital en Dios, que sea una influencia positiva en la vida espiritual de su esposa?

8. _____ ¿Tiene usted un sentido de permanencia y posesión respecto a ella de modo que otras mujeres no resulten tan atractivas para usted?

9. _____ ¿Tiene un deseo gradualmente mayor de estar con ella?

10. _____ ¿Valora sinceramente el éxito de su esposa?

_____ PUNTUACION TOTAL

Si sumó de 90 a 100 puntos, anda bien. Si anda por los ochenta, necesita mejorar su amor. Una puntuación próxima a los setenta sugiere que sus deficiencias se están tornando serias, y por debajo de setenta indica que ¡necesita ayuda urgente! No sólo debe "andar en el Espíritu"; también debe consultar a su pastor.

1 CORINTIOS 13:4-8

PACIENTE

NO ES EGOISTA

LAS CARACTERISTICAS DEL

BONDADOSO

AMOR

BENIGNO

HUMILDE

CONFIADO

GENEROSO

SINCERO

CORTES

QUE ES EL AMOR?

Todos están de acuerdo en que el amor es un sentimiento. De dónde viene o cómo surge en uno, motiva una variedad de respuestas. Como sentimiento, el amor es una motivación hacia la acción, y por eso mismo la mejor manera de definir el amor es examinar lo que hace. El diagrama en la pág. 117, basado en 1 Corintios 13:4-8, se aplica particularmente al amor del esposo hacia la esposa, porque describe la forma en que la va a tratar cuando esté controlado por el Espíritu Santo. De hecho, una inadecuación en cualquiera de estas nueve expresiones del amor, es una indicación segura de que está más lleno de sí mismo y de su propio espíritu que del amor sacrificado que produce el Espíritu Santo.

PACIENTE

El verdadero amor es paciente o resistente, como la palabra griega realmente indica. La mayor parte de los traductores utilizan la palabra "sufrido". Esto es, acepta menosprecios y desaires sin vengarse. Una buena prueba para esto es ver cómo responde usted durante el período menstrual de su esposa. Ella necesita más amor y ternura cálida en un momento en que es menos atractiva. Un esposo sabio es aquel que anticipa ese momento del mes—o cualquier momento que constituya un pico de presión en la vida de su esposa—y se esmera en demostrarle su amor sin tener en cuenta la actitud de ella.

Un esposo me dijo:

—Amo a mi mujer, pero me pongo muy impaciente con ella a veces. ¿Qué está fallando?

—Su problema es que se ama más a sí mismo en esos momentos impacientes, más de lo que ama a su mujer. De otro modo, usted sería paciente —le contesté.

Henry Drummond dijo hace muchos años: "El amor comprende, y por lo tanto espera". Bill Gothard afirma hoy en día: "La pasión se impacienta por obtener. El amor se impacienta por dar".

CARIÑOSO

Para una mujer, la máxima expresión del amor es la ternura. Las mujeres son más fuertes emocionalmente de lo que creemos. Una mujer puede soportar dolor, ofensa, sufrimiento, mucho mejor que el hombre, pero en el hogar es sumamente vulnerable a la falta de cariño de su esposo o hijos. Esto se aplica especialmente a las palabras. La mayoría de los hombres no se dan cuenta de que así como ellos son estimulados por la vista, la mujer responde a las palabras. El hombre que vuelve del trabajo y empieza a despachar críticas, exigencias, insultos, no sólo está exhibiendo carnalidad sino que está cometiendo un suicidio sexual. El amante que entra por la noche lleno de *amor, gozo* y *paz* recurre a las palabras cariñosas y a la conversación tierna. Está motivado sinceramente por el amor y el respeto a su esposa, pero de hecho está preparando a ambos para culminar sus variadas expresiones de amor en el acto conyugal en algún momento de la noche. El amor tiene su propia recompensa.

El amor se expresa de muchas maneras cariñosas—regalos, flores, festejos inesperados y una hueste de gestos sinceros que son significativos para la esposa. Las mujeres no tienen todas el mismo temperamento, de modo que lo que entusiasma a una puede no tener significado para otra. Descubra qué le gusta a su mujer, y a qué responde, y luego exprese su amor de forma tangible. Mi esposa, por ejemplo, prefiere las flores. Personalmente, ¡pienso que es un gasto inútil! Si fuera por mí, pondría flores artificiales en nuestra casa, porque no requieren ser regadas ni podadas ni cuidadas, y sin embargo siempre resultan agradables a la vista. Pero esta idea tiene una contra— Bev odia las flores de plástico. En consecuencia, todavía compro flores en el kiosco de la esquina, sólo para alegrarle el día. Durante los cinco años que participé de seminarios con otros conferenciantes, siempre paraba los sábados por la noche en el puesto de flores del Aeropuerto de San Diego y llegaba a casa con un rama de rosas amarillas. No me producían nada a mí, pero enternecían a Bev—y eso es lo que cuenta. Ya sé—se le están acabando las ideas sobre qué regalar. ¡A mí también! Después de treinta y un cumpleaños, navidades, aniversarios, días de San Valentín, "días dulces" y otros eventos, mi originalidad está gastada. Pero la bondad nos mantiene fieles, y es la intención lo que cuenta.

Cuando puse la mano de nuestra hija Linda en la mano de "Murph" y "la entregué", tuve una experiencia que los padres predicadores podemos disfrutar—conduje la ceremonia de casamiento. Mirando a los ojos de ese joven hombre, me quedé impactado con lo extremadamente joven que parecía. La realidad total de ese momento me sacudió. Estaba confiando el primer tesoro de nuestro hogar, el producto de veinte años de amor, a una mano no experimentada. (Naturalmente olvidé que el padre de Bev había hecho lo mismo conmigo muchos años atrás). Hablando a todos los padres, le dije a mi nuevo hijo: "Murph, como padres de Linda no te pedimos que la hagas rica o famosa, pero sí te hacemos un pedido especial ahora que la llevas de nuestro hogar—que seas siempre cariñoso con ella". Doy gracias a Dios porque El ha cumplido este encargo con fidelidad, como el amor que ella le profesa ha demostrado.

GENEROSO

El amor verdadero es tan generoso que se deleita genuinamente en el éxito de la pareja. Hay un hombre en nuestra iglesia que sólo puede cantar bajo la regadera, pero su esposa tiene una hermosa voz. Me gusta mirarlo cuando ella canta, porque la expresión de su rostro demuestra que nadie en la iglesia disfruta tanto su don como él. ¡Qué contraste con el marido inmaduro que prohibe a su esposa cantar en el coro porque prefiere tenerla sentada a su lado! Ella se sujeta, es cierto, pero no a un marido sensible y amante. El amor generoso se desborda en la forma en que una pareja gasta su dinero, se entretiene, invierte en programas de caridad o usa sus recursos de otras formas. ¡Amar es dar! El mejor modo de recibir amor es dándolo.

HUMILDE

El orgullo es el peor enemigo que un hombre enfrenta en su vida. En 1 Pedro capítulo 5 y en Santiago capítulo 4 Satanás es descrito como un león rugiente que busca devorar al hombre a través del orgullo. Un espíritu orgulloso destruye el verdadero amor y por consiguiente no tiene cabida en la vida de un hombre controlado por el Espíritu Santo, cuyo amor le motiva a olvidarse de sí mismo y de sus "derechos" en preferencia de las necesidades materiales y emocionales de su familia. Nunca me siento impactado por el marido cuyo garage está repleto de las más novedosas herramientas, o cuyo ropero está lleno con los mejores equipos deportivos, mientras su esposa está limitada en la cocina a usar los regalos de casamiento o utensilios heredados.

CORTES

Los porteros eléctricos y otros recursos mecánicos, junto con la actitud autosuficiente de nuestra época, no contribuyen para nada a cultivar la cortesía y la buena educación. Me he sentido aterrado durante mis viajes alrededor del mundo al ver la manera en que los hombres han descuidado los buenos modales. Muchos hombres ya no abren las puertas para sus esposas ni recuerdan qué lado de la vereda les corresponde cederles. Las mujeres pueden abrir puertas por sí mismas, por cierto, pero los hombres necesitan cultivar esos gestos respetuosos. Las mujeres de cualquier edad disfrutan al ser tratadas como alguien "especial".

Probablemente he abierto 25.000 puertas para las mujeres especiales en mi vida (Bev y mis tres hijas) y supongo que habrá unas 25.000 más antes que el amigable enterrador me ponga a descansar. No sólo me agrada tratarlas como damas sino que me gratifica el sentido de autovaloración que tales acciones producen en una mujer. Una de nuestras hijas salía con un joven cristiano que no aprobábamos totalmente. Cumplía con todos los requisitos básicos que habíamos fijado para que saliera con nuestras hijas, pero había algo en él que no me satisfacía. Una sola cita fue suficiente para que nuestra adolescente volviera a casa y anunciara: "¡Uf! ¡Esa es la última vez que salgo con ese bestia! ¡Ni siquiera sabe cómo tratar a una chica!" Algunos años después, cuando nos escribió para contarnos del muchacho que había conocido en una universidad cristiana, agregó la siguiente postdata: "Papá, te va a gustar. Me trata como una verdadera dama".

Si Cristo Jesús, la encarnación del amor, estuviera en la tierra hoy en día, trataría a todas las mujeres como damas. Nosotros los maridos no podemos hacer menos que eso por la mujer que lleva nuestro apellido.

ALTRUISTA

Ya hemos analizado cómo el egoísmo destruye el matrimonio. Nos apuramos a agregar ahora que el amor erradica el egoísmo y la autosatisfacción, y el amor controlado por el Espíritu busca formas de expresarse. Cada pareja tiene gustos diferentes que generalmente no se manifiestan hasta después del casamiento. Yo soy un fanático del deporte, y Bev una enamorada de la cultura. Meritoriamente, Bev ha logrado, por amor, cultivar un genuino interés en el deporte. Tenemos carnet para la temporada de los Chargers de San Diego y ocasionalmente vamos a encuentros de baloncesto, de béisbol y de hockey. Aunque la amo profundamente, no puedo compartir honestamente su entusiasmo por la ópera o la sinfónica. La llevo de vez en cuando (aunque me deja aburrido), pero sinceramente lo que me satisface más en esas noches es ver el real placer que le produce a ella. La hubieran visto la noche que la llevé a escuchar la Orquesta Filarmónica de Boston interpretar la Quinta sinfonía de Tchaikovsky en Mi menor. No les diré como me sentí yo (no fue tiempo completamente perdido, sin embargo; dibujé un diagrama sobre el Apocalipsis con énfasis especial en el período de tribulación)—¡pero ella estaba encantada!

MISERICORDIOSO

Los hogares de mejor disposición, como ya hemos visto, son aquellos que están controlados por el Espíritu Santo. La típica falta de armonía, mal carácter, irritabilidad, serán reemplazados por el amor afable y pacífico del Espíritu Santo. Tal amor no es susceptible, no se ofende con facilidad, no está a la defensiva, y nunca responde con ira u hostilidad, sea verbal o emocional.

CONFIADO

Los celos son un amo cruel y un compañero de cama innecesario en un matrimonio controlado por el Espíritu Santo. Generalmente se suscita por la inseguridad de un miembro de la pareja más que por las acciones del otro. Muchas parejas vuelven de fiestas o actividades en grupo envueltos en violentas peleas porque los flirteos y las provocaciones de uno de ellos ha ventilado los celos del otro. El verdadero amor es confiado y "no piensa el mal". Salomón advierte contra las "suposiciones maléficas". Si su temperamento lo predispone a pensar fácilmente de esa forma, evalúe siempre la situación a través de los lentes del amor. Un espíritu de amor no sólo recorre la segunda milla sino que es rápido en perdonar. El amor egoísta es rápido para condenar.

SINCERO

El engaño produce daño en cualquier relación interpersonal, pero tiene efectos devastadores en el matrimonio. Algunos de los casos más desgarradores que he conocido tienen que ver con mujeres que dicen: "No puedo confiar en mi marido". La tragedia de la mentira radica en su principal característica— no queda estática. El hombre que comienza diciendo "mentirillas blancas" a su esposa, pronto empieza a pronunciar "grises" y finalmente "grandes mentiras negras". Algunas esposas no pueden confiar en sus maridos en ningún área—financiera, moral, etc. Puedo afirmar que el hombre inmoral no puede ser confiable en nada. El pecado sexual conduce a la mentira, a las distorsiones financieras, al engaño general. Finalmente el culpable teje tal tela de araña para sí mismo que termina atrapado y expuesto.

El verdadero amor no sólo es sincero sino que se desvive por ser honesto—en palabras y en hechos. Esto se evidencia especialmente después de una discusión. Cuando el marido gradualmente llega a la penosa conclusión de que o bien estuvo errado o se condujo de manera impropia, y que su esposa merece una disculpa, ¿qué debe hacer? Nunca me ha resultado fácil admitir que había actuado irracionalmente o había hecho una decisión equivocada. El ego masculino para afirmarse en ese momento y declarar: "¡Bien hecho! Esta va por todas las veces que ella se equivoca". Pero el amor no lleva cuentas ni juega un partido unilateral. En cambio, se apura para ayudar al objeto amado y trata de rectificar todos los malentendidos. El esposo controlado por el Espíritu Santo confesará rápidamente su error—no sólo a Dios sino a su pareja o a sus hijos según lo requiera la circunstancia. Dios en su gracia nos ha garantizado una forma misericordiosa de quitar el pecado y las ofensas a través de la confesión sincera. Muchos vínculos personales han evitado sufrimiento innecesario por la simple pero valiente afirmación: "Querida, estuve equivocado y espero que me perdones. Siento haberte herido".

EL AMOR "NUNCA DEJA DE SER"

El amor es una entidad viviente que necesita alimento, agua, cultivo. Pero aún así hay períodos en que el amor florece o decae, especialmente en las primeras etapas. Hace poco hice una verdadera proeza en mi jardín. Había decidido que las laderas en los terraplenes estaban escasamente cultivadas, así que compré tres grandes bolsas de fertilizante y las desparramé profusamente. Dos semanas más tarde las laderas estaban reverdeciendo. ¡Pero para mi asombro, seis semanas después tenía la más nutrida plantación de yuyos de todo el sur de California! Era la temporada invernal para mis plantas. Todo lo que había hecho era fertilizar los yuyos que crecían en esa época del año. Si hubiera esperado dos o tres meses, las plantas hubieran prosperado mucho más que los yuyos.

Encontrará que la intensidad de su amor crece o decrece según la época de su vida, su condición espiritual y la prioridad que asigne a su relación en comparación con las presiones vocacionales y externas. En una encuesta realizada por la revista *Parade*, el empresario exitoso promedio indicaba que mantenía relaciones sexuales con su esposa sólo una vez por semana (sólo un 20% decía que mantenía actividad extracurricular). De acuerdo a encuestas tomadas a todo tipo de parejas, el promedio resulta de 2.5 veces por semana. En una encuesta realizada a 1.700 parejas cristianas para nuestro libro *El acto matrimonial*, el promedio daba casi 3 veces por semana. ¿Qué le sugiere esto?

Creo que podemos afirmar con seguridad que presiones laborales fuertes reducen en el hombre el interés por hacer el amor. De hecho, las encuestas sugieren que cuanto más cerebral es su trabajo, menos frecuente es su deseo sexual. Los hombres con mayores deseos sexuales son aquellos que se desempeñan en trabajos físicos o tareas que quedan descartadas en el lugar de empleo una vez que se dirige a su hogar al final del día. El hecho es que tanto el hombre como la mujer encontrarán temporadas en su vida de amor (y en la expresión del amor) de menor intensidad. Un pastor que tiene tres sermones el domingo por la mañana y uno o dos el domingo por la tarde funcionará a nivel cero el sábado por la noche. Vendedores en plena campaña, profesionales trabajando duro para terminar un proyecto, y las esposas durante una enfermedad o justo antes de la visita anual de los suegros, probablemente atraviesen un período de pasividad. Esto es perfectamente natural—

siempre que no se alargue. En tales épocas un buen principio para tener en mente es el del versículo 8 de 1 Corintios 13: ¡"El amor nunca deja de ser"!

COMO ENCENDER UN AMOR CHISPORROTEANTE

"No amo más a mi esposa" no es una queja desconocida, ni siquiera para consejeros cristianos. La mayoría de los hombres que lo admiten piensan que son la primera víctima de esta enfermedad. Desafortunadamente, se está tornando cada vez más común. Bajo la presión del *stress* emocional en su matrimonio he escuchado hombres que declaran: "¡Nunca debimos habernos casado! Si no la hubiera puesto en aprietos, nunca me hubiera casado con ella". Como consejero esta actitud constituye para mí un interesante desafío si tal persona es creyente. (Si no lo son, y se rehusan a aceptar a Cristo, francamente no sé cómo ayudarlos.) Varios años atrás elaboré los siguientes pasos que lograrán encender el más vibrante amor.

1. Camine en el Espíritu. El matrimonio no es una relación bidireccional entre un hombre y una mujer. Es una relación tridireccional. ¡Si caminamos en el Espíritu, Dios nos provee un amor que fluye espontáneamente de uno a otro! Una fractura en nuestra relación como pareja implica inevitablemente una quiebra en nuestra relación con Dios. De hecho, Bev y yo consideramos que un colapaso entre nosotros es una señal de que no estamos caminando en el Espíritu. Confesando ese pecado a Dios, abrimos los ojos al problema.

2. Nunca medite largamente en los insultos, ofensas, heridas o en las debilidades de su cónyuge. Todas las personas a las que he aconsejado por "falta de amor" habían desarrollado una bien aprendida lista de quejas que podían rápidamente endilgar a su pareja. Esta dañina actitud es como sacar la tapa de una cámara séptica, con todo el veneno y el hedor que expele. Si le parece exagerado es sólo porque no ha escuchado las vilezas que las personas pueden pensar acerca de su pareja. La Biblia dice que: "Porque cual es su pensamiento en su corazón, tal es él. . . " (vea Proverbios 23:7). La boca constituye un potente revelador del pensamiento. Pensamientos negativos, malvados (aunque sean ciertos) destruyen los buenos sentimientos, y por ello el cristiano controlado por el Espíritu no permitirá que atasquen su mente y encadenen sus sentimientos.

3. *Agradezca a Dios diez cosas respecto a su cónyuge, dos veces por día durante tres semanas*. Ya hemos señalado que el cristiano sujeto al Espíritu Santo sistemáticamente cumplirá el mandato: "Dad gracias en todo". La queja constante corrompe las buenas emociones, mientras que la gratitud las cultiva. Desafío a cualquier hombre a hacer una lista de diez cualidades de su esposa, agradecer a Dios cada mañana y cada noche por ellas—y a seguir teniendo problemas en quererla. (También desafío a cualquier hombre que luche constantemente quejándose mentalmente de su mujer—a mantener su amor por ella.) La batalla por el amor se gana o se pierde en la mente, no en el corazón. Resulta claro que el corazón es el sirviente de lo que la mente piensa.

La mejor ilustración de esta técnica ocurrió varios años atrás cuando un amigo me confesó: "No amo más a mi esposa. En realidad, hace tres meses que dormimos en piezas separadas". Juntos garabateamos, en una tarjeta, diez cosas de ella que a él le gustaban. Prometió releer la lista cada mañana en su devocional y cada noche durante su viaje de treinta y cinco minutos de regreso del trabajo. Diez días después exclamó con entusiasmo: "¡Estamos juntos de nuevo en el mismo dormitorio!" Tres semanas después agregó: "Amo más a mi esposa ahora que en todos los años de nuestro matrimonio". Cuando le pregunté si había memorizado la lista, me contestó sonriente: "Seguro; esa lista la sabía de memoria al tercer día, de modo que di vuelta la tarjeta y anoté otras quince cosas de ella que me gustan".

Ningún hombre puede dar gracias diariamente por diez cualidades de su mujer sin propagar amor. Se pueden imaginar qué amor surgiría al elevar la lista a veinticinco. Han pasado varios años, y la relación de mi amigo y su esposa ha crecido mucho en general, pero hace pocos meses él comentó tristemente en un almuerzo: "¡Estamos durmiendo separados otra vez!" Le pregunté si había perdido su lista de agradecimiento, respondió: "¡Sabía que me preguntarías eso!" Juntos hicimos otra lista—a pesar de su negativa a "intentar de nuevo"—y dio resultado en sólo dos semanas. Alabanza y gratitud son factores poderosos para encender el amor.

ESPOSO: ¿POR QUE USTED?

Los esposos podrían preguntar con razón: "¿Por qué Dios me ordena cuatro veces que ame a mi esposa y sólo una vez le indica a ella que debe amarme?" Esa es una pregunta que he meditado por muchos años y puedo ofrecer dos posibles respuestas. Primero, las mujeres tienen mayor necesidad de ser amadas. Como dijo una mujer: "¡Sin amor no puedo vivir!" Segundo, a los hombres les resulta más trabajoso amar. Por naturaleza, la mujer tiene una enorme capacidad de amar, mientras que el hombre debe cultivar la suya. Por eso el hombre debe preocuparse por caminar bajo el control del Espíritu. Necesita el amor sobrenatural de Dios para ser el amante de por vida que Dios le ordena que sea y que su mujer ingenuamente esperaba que fuera cuando se comprometió a ser su esposa.

Luego de estudiar la vida familiar por muchos años, he llegado a la conclusión que es el hombre el que determina el nivel de amor en su hogar. Las mujeres responden básicamente al trato que reciben. Hasta ahora nunca he visto a una mujer abandonar a un hombre que es bueno con ella, ni se me ha solicitado aconsejar a un hombre que constantemente se preocupa por su mujer. Sus expresiones de amor no necesitan ser costosas, pero sí deben ser manifestaciones honestas de su amor. Cuando todavía era un pastor joven, me llamaron un viernes por la noche a un hogar rico donde poseían todo lo que el dinero pudiera comprar, pero no compartían amor. La mañana siguiente visité la familia más pobre de la iglesia para orar por su hijo, que estaba a punto de ser incorporado al ejército. Su casa estaba tan escasamente amueblada que me hicieron sentar a la punta de su mesa de desayuno, sobre un cajón de fruta. Mientras orábamos, me impactó el amor de esta familia, empezando por el padre, cuyo salario era tan bajo que su subsistencia sólo se compensaba por la abundancia de amor.

AMOR Y TAREAS DEL HOGAR

En aquellos viejos tiempos de la granja parecía haber una nítida separación entre las obligaciones de "él" y de "ella". La esposa era responsable de todo lo que ocurría dentro de la casa, y el hombre por todo lo que ocurría afuera. Un marido sabio y amante debiera haber olvidado hace tiempo esa idea pasada de moda. Ahora que las cuarenta hectáreas fuera de la casa se han encogido al tamaño de un garage y un pequeño fondo, hay tiempo de sobra para ayudar a la mujer a lavar los platos, cuidar los niños y aun cambiar los pañales del bebé (siempre que no resulte peligroso para la salud del bebé). Si la mujer debe trabajar fuera del hogar, las responsabilidades del esposo respecto a tareas en la casa aumentan. Cuando la esposa está embarazada—o inmediatamente después de la llegada del bebé—es un tributo a su amor que él voluntariamente se ocupe de algunas de las tareas que normalmente realiza ella.

Una advertencia le viene bien al esposo que desee mostrar su amor ayudando en la casa: Algunas esposas, particularmente las jóvenes, pueden interpretar esa ayuda como una indicación de que al esposo no le gusta su forma de atender la casa. ¡Evite esa suposición a toda costa! Además, tenga presente que ella es la administradora del hogar, de modo que no intente dar vuelta a su sistema de hacer las cosas como si usted estuviera a cargo de la casa. Esta es el area de responsabilidad de la esposa. Si usted por amor quiere voluntariamente cooperar en la casa, entonces subordínese a su plan y a sus procedimientos de atender el hogar. Usted no está abdicando a sus responsabilidades como jefe del hogar al ayudar a su mujer a cumplir sus tareas en la casa. Expertos en administración concuerdan en que uno de los requisitos para ser un buen administrador es ser primero un buen seguidor. Si su mujer prefiere guardar los platos de diario en el armario de más arriba donde usted debe estirarse para alcanzarlos, pues póngalos allí. Ella no le indica cómo debe ordenar sus herramientas. Con una actitud de amor puede sugerirle una ubicación más práctica, pero asegúrese de tomar antes píldoras para el tacto. Sus sinceros esfuerzos por ayudar serán generalmente recibidos con alegría siempre que usted esté dispuesto a respetar sus principios de organización del hogar. De lo contrario, sus buenas intenciones pueden tornarse en un motivo de conflicto.

HAGA TIEMPO PARA EL AMOR

La época de presión en la que vivimos afecta seriamente nuestro tiempo libre. A pesar de todos los mecanismos "a botón" y de todo el instrumental electrónico para ahorrarlo, no tenemos más tiempo libre que nuestros antepasados. Personalmente, pienso que hacemos más cosas de las que ellos hacían, pero no estoy seguro de que hayamos logrado más. Leí en alguna parte que en el año 1900 el hombre promedio viajaba muy poco más de 1.500 kilómetros por año. Hoy casi todos los hombres adultos viajan un promedio de 45.000 kilómetros anuales. Si eso es cierto, viajan más en dos años que lo que sus abuelos hicieron en toda su vida. Sin embargo, no llegue a correr tanto que no le quede tiempo para amar.

Muchas esposas comparten una queja favorita: "Mi marido tiene dos trabajos (o un empleo y trece pasatiempos) y no tiene tiempo para mí". Muchas veces encuentro su reclamo justificado. Sin advertirlo, la calesita de actividades del esposo se ha vuelto más y más cargada y veloz hasta que ya no puede detenerla. Un marido sabio incluye en su agenda periódicas "lunas de miel", ocasionales salidas a cenar, o "tiempo para la pareja". Esto es más necesario después que llegan los hijos. Adecue sus salidas a su presupuesto, naturalmente, pero por favor, hágalas. Hay algo excitante respecto a una noche en un hotel sin las rutinas cotidianas. No sólo permite a la pareja algunas horas para reencontrarse como personas, sino que introduce un misterio, una chispa en su amor. Lo recomendamos una vez por trimestre—y más frecuentemente si lo puede afrontar. Para la esposa es como decirle: "Te amo y disfruto estar contigo".

EXPRESE SU AMOR VERBALMENTE

Siempre que tengo la oportunidad de compartir un consejo importante con esposos, digo: "Preocúpese en expresar su amor en palabras". Un hombre generalmente piensa que porque él no necesita reasegurarse verbalmente del amor de su esposa, ella tampoco siente esa necesidad. ¡No lo crea! ¿Ha notado con qué frecuencia una niña se sienta en el regazo de su padre y le pregunta: "Papito, ¿me quieres? ¿Por qué no me lo dices?" A pesar de sus cuerpos desarrollados y de sus peinados costosos, las mujeres son sólo niñas crecidas, todavía se benefician escuchándole expresar verbalmente su amor. Cuanto más románticamente lo haga, mejor.

No estoy del todo seguro respecto a por qué las mujeres necesitan que sus esposos les repitan: "Te amo. Te amo. Te amo.", pero lo necesitan, de modo que más bien acostúmbrese. Quizás son ellas las que tuvieron mayor riesgo al asumir la relación, depositando en nosotros una confianza absoluta a una edad tan temprana que quizás eran las únicas personas que soñaban que llegaríamos a algo. Lo hicieron porque nos amaban y querían que nosotros las amáramos también. Necesitan asegurarse periódicamente de que nosotros estamos cumpliendo nuestra parte del acuerdo.

Como padre de una hija casada, puedo comprender la hermosa historia del padre que dio al futuro marido de su hija un reloj como regalo de bodas. Cuando el muchacho levantó la tapa dorada la primera vez, leyó estas palabras escritas sobre el vidrio: *"Dile algo lindo a Sally cada día".* Una expresión verbal diaria de su amor hará mucho bien a su matrimonio.

A pesar de su carácter cuestionable, me gusta la recomendación que Merlín le hace al Rey Arturo respecto al trato que merecía Lady Guinevere al convertirse en reina. Simplmente insistía: "¡Amala! ¡Amala! ¡Amala!". Dios lo dijo aún mejor: "Amala como Cristo amó a la iglesia".

EL ESPOSO COMO SOSTEN DE LA FAMILIA

Desde el mismo comienzo, el hombre recibió la responsabilidad de ser el ganapán de la familia. Dios le dijo a Adán: "Con el sudor de tu rostro comerás el pan . . ." (Génesis 3:19). Desde ese día en adelante, el hombre ha sido responsable tanto de la provisión financiera como de la protección psíquica y física de la familia. En el Nuevo Testamento, se enseña a los hombres: "Porque si alguno no provee para los . . . de su casa, ha negado la fe, y es peor que un incrédulo" (1 Timoteo 5:8).

Cuando quiera que el marido no es el principal proveedor del matrimonio, esta deficiencia se torna en una seria amenaza para su liderazgo y su dignidad. Hay excepciones temporarias, por supuesto, particularmente cuando de mutuo acuerdo la esposa trabaja mientras el marido asiste a recibir instrucción especializada adicional. Esto constituye una inversión de la esposa para el bien de ambos. Pero no debiera ser una forma permanente de conducta. Como una regla básica, el salario del esposo debiera proveer comida, casa y vestimenta. Si la esposa trabaja, debiera ser en forma temporal para pagar tales cosas como créditos, muebles, enseñanza de los hijos, u otras compras al contado que el sueldo del esposo no alcanza a pagar. Si su salario se convierte en un elemento regular de su vida o si se usa para elevar su nivel de vida, es probable que le sea imposible dejar de trabajar. El hombre necesita sentir la responsabilidad que le otorga el saber que la familia depende de él para satisfacer las necesidades vitales. Uno de los terribles abusos de las pensiones es que se tornen en un modo de subsistencia cuando hombres inhábiles encuentran más provechoso no trabajar—porque el subsidio estatal gratuito es mayor de lo que ellos mismos serían capaces de ganar. A largo plazo, tal subsidio no resulta "gratis", porque cuando se otorga a hombres físicamente sanos, les despoja de su hombría y respeto de sí mismo. Cuando pierden esto, no les queda nada.

La tecnología del mundo actual ha hecho más complicado el papel del hombre como sostén. A menos que haya adquirido un oficio o profesión antes de casarse, él y su esposa generalmente deben demorar la llegada de los hijos mucho más de lo que Dios dispuso conveniente. El eterno fantasma de la inflación complica más el problema porque sitúa la compra de vivienda más allá de las posibilidades del promedio de las parejas jóvenes. A pesar de estos u otros problemas serios, un hombre cristiano es considerado similar a un "infiel" si no confía que Dios le ayudará a encontrar los medios para proveer a su esposa y a sus hijos, siempre que esté en condiciones físicas de hacerlo.

El proveedor de la familia, controlado por el Espíritu Santo, no será un hombre perezoso, ni estará obsesionado por el materialismo. En vez de ello, ". . . [él buscará] primeramente el reino de Dios y su justicia, y todas estas cosas [le] serán añadidas" (vea Mateo 6:33). Dos cosas en este versículo merecen destacarse: Primero, no hay nada malo acerca de un hombre cristiano que está interesado en el éxito laboral. Pero cuando su interés por lo material hace mella en su amor por las cosas espirituales, tanto él como su familia están en problemas. En segundo lugar, Dios no le va a proveer todo lo necesario en una bandeja de plata sin ningún esfuerzo suyo. El mandamiento divino que recibió Adán todavía tiene vigencia: el hombre debe ganar su pan con el sudor de su frente. A través de los años he advertido que cada vez que pido a Dios que satisfaga una necesidad especial de la familia, lo hace—dando algún trabajo extra que me permita ganar algo adicional. Rara vez llegó la respuesta como "maná del cielo".

Los hombres por naturaleza se van a los extremos, y Satanás tratará de destruirlos de una forma o de la otra—primero a través de la pereza. He encontrado algunos hombres que se contentan con sólo transitar por la vida a medias, simplemente porque eran perezosos. Durante todo un año traté de ayudar a un hombre de cuarenta años, padre de cuatro chicos, a aprender una profesión. Finalmente, exhortado por algunos de mis socios, lo despedimos. Llegaba tarde con frecuencia, se inquietaba por simplezas y era el primero en retirarse por la tarde. Simplemente nos salía demasiado caro conservarlo. La difícil vida de necesidad a la que somete a su familia es un ejemplo de la carnal pereza egoísta, y como cristiano resulta reprensible.

El otro extremo es mucho más frecuente: el hombre cristiano que se esconde tras de su trabajo para no cultivar su vida espiritual ni la de su familia. Los adictos al trabajo no están controlados por el Espíritu Santo; se controlan a sí mismos. Uno de los rasgos permanentes de un padre o esposo sujeto al Espíritu es que, aunque trabaja fuerte y algunas veces debe soportar períodos de gran presión laboral, su trabajo nunca tiene prioridad sobre su familia.

En relación a esto, he visto algunos hombres cristianos cometer el error de trabajar los domingos. Uno de ellos, gerente de un supermercado, recibía doble paga los domingos y se justificaba diciendo que su familia necesitaba ese dinero. Rara vez venía a la iglesia, aunque me aseguraba que "amaba al Señor". Naturalmente vivía una vida espiritual subdesarrollada—y su hogar lo demostraba. Sus tres hijas crecieron con poco interés en las cosas del Señor, rara vez iban a la iglesia, y se casaron con hombres inconversos. Por fin vino a buscar mi consejo porque su esposa estaba saliendo con otro hombre. Considero que ese es un precio demasiado alto a cambio de ganar jornales dobles.

No veo nada malo en que un hombre cristiano trabaje ocasionalmente el domingo. Aun el Antiguo Testamento enseñaba que si el buey se caía en el pozo en el día de reposo, el dueño debía sacarlo, no importa cuán sucia y trabajosa fuera la tarea. Pero cualquier cristiano que deba trabajar todos los domingos—forzándose a faltar permanentemente a la Casa del Señor—equivocó el empleo. He visto a hombres que han confiado en una salida milagrosa de parte de Dios al respecto, ¡y han comprobado que El "siempre suple nuestras necesidades"! Feliz el hombre que entiende que su vocación le ha sido entregada por Dios. Sus talentos, energía, creatividad, son regalos de Dios y debieran ser usadas para su gloria. Ningún hombre ha sido pobremente recompensado si deja al Señor el primer lugar en su vocación.

EL ESPOSO COMO PADRE-MAESTRO

El primer mandamiento que Dios les dio a Adán y Eva fue: ". . . fructificad y multiplicaos; llenad la tierra . . . ." (Génesis 1:28). Desde entonces, la paternidad ha sido esencial en la vida del esposo, y ha sido fuente de gran bendición a aquellos hombres que han tomado con seriedad este papel adicional. En los últimos años, la ciencia ha puesto al alcance de las parejas jóvenes técnicas anticonceptivas que les permiten limitar el tamaño de la familia y, en un número sorprendente de casos—evitar totalmente los hijos. Las advertencias de educadores de orientación humanista y expertos en demografía han sido tan bien recibidas que en el caso de Norteamérica el número de hijos por familia bajó a 1.6 en 1977. Esta actitud está ganando adeptos aún entre familias cristianas, a pesar de la prioridad que la Biblia y el cristianismo siempre han asignado a la familia. Las palabras del salmista debieran ser examinadas por todo padre presunto: "He aquí, herencia de Jehová son los hijos; cosa de estima el fruto de vientre . . . bienaventurado el hombre que llenó su aljaba de ellos. . . " (Salmo 127:3, 5). Una vieja tradición hebrea indica que la aljaba que el soldado llevaba a la guerra podía cargar cinco flechas. ¿Podría estar sugiriendo que, siendo tal bendición los hijos, un hombre podría sentirse plenamente feliz con cinco de ellos?

Bev y yo somos algo tendenciosos sobre este asunto, porque Dios nos dio cuatro hijos para criar, y uno no llegó a nacer. Podemos realmente testificar que los hijos educados en el Señor son una bendición. Dios nos ha dado lluvias de bendiciones que nunca hubiéramos soñado tener en nuestra vida, pero ninguna alcanza ni se acerca a los tesoros que llevan los nombres de nuestros hijos—salvo nuestros cinco nietos. Siempre nos entristecen las parejas jóvenes que se engañan perdiendo esta inmensa bendición en la vida. Casi cualquiera puede engendrar hijos, pero educarlos es otra cosa. La paternidad requiere trabajo fuerte, sacrificio y tiempo, pero lleva su propio premio.

LA NATURALEZA DE LA PATERNIDAD

El padre controlado por el Espíritu no carece de instrucciones específicas en la Palabra de Dios con respecto a la naturaleza de sus responsabilidades. Efesios 6:4 establece: "Y vosotros, padres, no provoquéis a ira a vuestros hijos, sino criadlos en disciplina y amonestación del Señor". Hay tres órdenes clásicas en este versículo, que debemos considerar por separado.
1. *Los padres deben amar a sus hijos.* "No provoquéis a ira a vuestros hijos". Todo niño necesita amor e instintivamente lo busca en sus padres. Si su amor es rechazado o si su papá o su mamá no le expresan afecto, se llena de ira. Cualquiera que estudie el problema juvenil hoy en día, y advierte la hostilidad

que emana de los adolescentes y el alto grado de rechazo o negligencia por parte de los padres, debe reconocer que estamos forjando una generación de niños sedientos de amor. Cuando hice la investigación para *Unhappy Gays* (Los encadenados), me sorprendió encontrar que todos los homosexuales están cargados de hostilidad. Ya he admitido mis propios problemas anteriores con la ira y me he graduado como consejero de matrimonios e individuos agresivos, de modo que creo que conozco un poco acerca de la ira colérica. Pero nunca he visto nada como la clase de agresividad del homosexual. ¿Y cuál es la causa número uno que la origina? El rechazo paterno. Un ex homosexual que ahora es un pastor que se dedica a ayudar a otros hombres a dejar ese infeliz estilo de vida, dijo: "He aconsejado a más de tres mil homosexuales y todavía no he encontrado uno que haya tenido una buena relación con su padre".

Un juez de menores, después de presidir miles de juicios juveniles, observó: "Todavía no ha venido a la corte un muchacho cuyo padre le haya llevado a pescar o a ver partidos o haya pasado tiempo con él". He observado que el padre que demuestra su amor a sus hijos dándose tiempo para enseñarles, por más ocupado que esté, disfruta de ellos cuando son adultos. Esto no significa que nunca harán un revuelo ni manifestarán su naturaleza humana. Sin embargo, el sabio autor de los Proverbios nos asegura que aunque "la necedad está ligada en el corazón del muchacho; mas la vara de la corrección la alejará de él" (Proverbios 22:15). Aun los hijos de un amante padre lleno del Espíritu Santo pueden almacenar algún grado de necedad en su corazón, que tarde o temprano se manifestará en ira. Pero su espíritu iracundo será menos grave y más breve que el de aquellos hijos cuyo padre les haya provocado ira al resistirse a satisfacer su necesidad de amor.

Uno de mis mejores amigos es fanático de las motos. Ha ganado casi todos los trofeos que un corredor de moto puede ganar. Tiene más motos en el garage que miembros en la familia (y tiene una familia numerosa). Su hijo mayor pronto recibió una "moto-de-tierra" (nunca circulan por calles pavimentadas por temor a que un conductor descuidado los atropelle). Juntos han pasado muchas horas arreglando las máquinas, andando y planeando el próximo viaje. Pero luego el chico comenzó a andar por ahí con amistades que no le convenían y logró hacerse expulsar del colegio. Siguieron meses tensos de oración para dos padres preocupados. La inevitable escena de la drogadicción que forma parte de los colegios secundarios en nuestra comunidad, estaba atrayendo al muchacho, cuando de pronto—como el hijo pródigo—se encontró a sí mismo. Padre e hijo continuaron andando y arreglando sus motos y el padre sabiamente evitó machacar el hijo respecto a sus actividades. Eventualmente, el adolescente advirtió que su papá era el mejor amigo que tenía en la tierra. Volvió a dedicar su vida a Cristo, dejó a sus viejos amigos, más tarde se casó con una joven cristiana y sigue a su padre ahora en el negocio de la construcción. ¡El amor paternal triunfó otra vez!

2. Los padres deben enseñar a sus hijos. Si hay un descuido típico entre padres conscientes hoy en día, se refiere a su responsabilidad como maestros de sus hijos. Puesto que la madre es la primera maestra durante los primeros años de vida del niño, muchos hombres nunca asumen su papel cuando el niño crece. La Escritura dice claramente: "padres, criad a vuestros hijos en la disciplina del Señor". Esto es, instrúyalos con palabra y ejemplo en los caminos de Dios.

Los niños no dicen la verdad por naturaleza, ni comparten con espontaneidad o actúan con responsabilidad. Estos son principios que deben ser introducidos mediante la enseñanza verbal y el ejemplo. Además, se les deben enseñar destrezas acordes a su sexo y edad. Desafortunadamente los progresos electrónicos de nuestra época producen herramientas demasiado sofisticadas para los muchachos en edad de aprendizaje. En otras épocas la vida era más simple. Un padre sólo tenía algunas herramientas, cuyo hijo podía aprender a usar a una edad temprana. Pero los equipos actuales presentan problemas especiales—y sin embargo deben aprender, y el padre es el mejor instructor. Si dedica tiempo a enseñarles destrezas, deportes, costumbres sociales, estarán dispuestos a escucharle cuando les imparta las normas de carácter y los estatutos de Dios.

3. Los padres deben disciplinar a sus hijos. La tarea más difícil de la paternidad es la disciplina. Sin ella, sin embargo, no hay tal cosa como una paternidad exitosa. Escuchamos mucho acerca del "abuso de los niños" hoy en día. ¿Qué hace que un adulto azote o castigue a un bebé o un niño indefenso? La frustración de la violencia en una persona indisciplinada que ha perdido control. Siendo generalmente el producto de una familia hostil o permisiva, esa persona no puede resistir la presión que produce un niño que llora sin parar o un capricho infantil. Pocos de los que castigan así a los niños son asesinos en potencia, pero todos son egoístas, violentos, indisciplinados. Resultan tan patéticos como los niños a los que maltratan. Sin embargo, por más trágico que resulte este tipo de abuso de los niños, hay una variedad mucho más común y menos divulgada. Piense detenidamente en los niños cuyas vidas se destruyen por falta de disciplina paterna. ¡Son miles! Las cárceles, los tribunales juveniles, las casas de corrección y los cementerios están llenos de ellos. Muchos otros son casos limítrofes que se casan y divorcian repetidas veces, conciben y abandonan hijos, y son incapaces de mantener un empleo. Tales tragedias humanas podrían haberse evitado fácilmente si sus padres hubieran observado la instrucción bíblica según la cual el padre que ama a su hijo lo castiga o disciplina.

Autodisciplina, autonegación y autocontrol son elementos esenciales de la madurez. Un padre no puede preparar educacional o vocacionalmente a sus hijos frente a los complejos cambios que le esperan en el siglo XXI. Por ejemplo, muchas de las vocaciones actuales habrán desaparecido. Sin embargo, una cosa que sí puede hacer el padre es proveerle exactamente de lo que necesitan para estar preparados ante cualquier incertidumbre que les depare el futuro—puede enseñarles disciplina. El fundamento para la autodisciplina es la disciplina *paterna*. El niño que recibe disciplina en amor en su hogar estará mucho más dispuesto a hacer la transferencia hacia la autodisciplina al crecer. El niño que crece sin disciplina no sólo está siendo "provocado a la ira" sino que su falta de control contribuye a su autodestrucción o, en el mejor de los casos, a la autolimitación.

Aquí en el Colegio "Christian Heritage" enseguida notamos

la diferencia. El más trágico desperdicio de talento humano y de oportunidades concierne a jóvenes que carecen de disciplina para llevar cosas hasta su término. Enseñamos a nuestros alumnos que no deben tomar todos los cursos fáciles, sino tratar de inscribirse por lo menos en una materia difícil por año, ya que aprobarla les dará fortaleza de carácter—lo cual es mucho más importante que el conocimiento. Para que quede claro, el conocimiento es importante, pero el carácter lo es mucho más, porque determina qué se hace con lo que se sabe. No importa cuanto usted sepa, nada es tan importante como lo que usted es. No hay nada que reemplace a un carácter cristiano, pero esperar a que pueda mandar a su hijo a una universidad cristiana, con la esperanza de que ellos cumplan en aquello que usted ha fallado, es abdicar a su papel como padre.

Hace varios años el departamento policial de Houston, Texas, publicó una lista de *Doce reglas para formar hijos delincuentes*. Estas reglas comprueban que la policía, que debe trabajar con los resultados de la permisividad, nunca fueron engañados por los teóricos de la torre de marfil y los ingenuos padres que creyeron en el concepto de que los niños nacen buenos y necesitan crecer expresando su bondad.

Doce reglas para formar hijos delincuentes

1. Desde pequeño déle todo lo que pida. De esta forma crecerá pensando que el mundo le debe el sostén.
2. Cuando diga palabrotas, ríase. Esto le hará pensar que es gracioso. También lo estimulará a elegir frases más "graciosas" que más adelante le harán volar la cabeza de un tiro.
3. Nunca le dé enseñanza espiritual. Espere a que tenga 21 y luego déjelo decidir por sí mismo.
4. Evite usar la palabra "incorrecto". Puede producirle complejo de culpa. Esto lo condicionará a creer más adelante, cuando sea detenido por robar un auto, que la sociedad está en su contra y lo está persiguiendo.
5. Recoja todo lo que él deje tirado—libros, zapatos, ropa.

Haga todo por él para que adquiera la experiencia de descargar toda la responsabilidad en los demás.

6. Déjele leer todo lo que le caiga en las manos. Fíjese que los cubiertos y vasos estén esterilizados pero deje que su mente merodee en la basura.

7. Discuta con frecuencia delante de él. De esta manera no se sentirá el shock cuando su hogar se destruya más adelante.

8. Entréguele todo el dinero que quiera para sus gastos. Nunca permita que se lo gane. ¿Por qué ha de pasarlas tan duras como USTED?

9. Satisfaga todos sus antojos de comida, bebida y confort. Fíjese que todos sus deseos sensuales sean satisfechos. Negárselos puede producirle una nociva frustración.

10. Póngase de su lado en contra de vecinos, maestros y policías. Todos están prejuiciados en contra de su hijo.

11. Cuando se vea en un problema serio, justifíquese diciendo: "Nunca pude hacer nada con él".

12. Prepárese para una vida de amargura. Seguro que la tendrá.

Las técnicas para formar los hijos han sido consideradas en detalle por Bev en su libro *Cómo desarrollar el temperamento de su hijo,* donde aplica los principios bíblicos no sólo a los cuatro temperamentos básicos sino a las diversas edades de la infancia y adolescencia, de modo que no las repetiremos aquí. Pero es importante, Papá, que señalemos dos principios esenciales a la crianza. El primero es su responsabilidad ante Dios de ver que sus hijos estén bien disciplinados. Su esposa puede hacerlo cuando son pequeños o cuando usted esté ausente, pero usted debe asegurarse de que sean disciplinados en amor. En segundo lugar, ¡usted debe ser un ejemplo de lo que enseña! Nada rebela más a los jóvenes que la hipocresía—y enseñar una cosa mientras se hace otra es hipocresía.

Mientras participaba de un evento social en la casa de uno de mis pastores asociados, me encontré casualmente muy cerca del teléfono cuando lo atendió uno de sus hijos adolescentes. Le dijo al interlocutor que su padre estaba ocupado y no lo podía atender, pero la persona que llamaba insistió. El muchacho insistió educadamente y ofreció anotar el número para que su padre llamara luego. Cuando colgó el teléfono, un amigo le dijo:

—¿Por qué no le dijiste simplemente que tu padre no estaba en casa y evitabas todo el problema?

—A mi papá no le hubiera gustado; no es verdad —respondió el adolescente. ¡Ese chico no necesitará tomar un curso sobre honestidad elemental!

¿QUE DIRAN SUS HIJOS?

A dieciséis creyentes que asistían a un estudio bíblico en el hogar, se les preguntó: "¿Qué era su padre?" Uno dijo: "Era un hombre tierno y amante". Otro comentó que era un cristiano consagrado que lo amaba mucho. Algunos comentaron que "en realidad nunca conocieron" a su padre, y así fue dando vuelta el grupo. ¡Ni uno de ellos mencionó la profesión, las posesiones o la posición de su padre en la vida! Si el Señor no vuelve todavía y usted deja esta vida antes que su familia, ¿qué dirán de usted? No les afecta tanto por lo que hace en la vida, sino por lo que es. ¿Quién es usted?

EL ESPOSO COMO SACERDOTE DE LA FAMILIA

El papel más descuidado por los esposos es el que predominaba en la antigüedad—el de sacerdote de la familia. En Efesios 5 se nos dice que el marido debe amar a su esposa como Cristo amó a la iglesia. Si Cristo es nuestro Sumosacerdote, entonces, esposo, usted es el sacerdote de su hogar. Toda la instrucción espiritual es responsabilidad suya.

Sin duda usted está al tanto de muchos hogares en los que la madre se encarga de la enseñanza religiosa de los hijos, la cual puede lograr durante los primeros años de vida. Si el padre no tiene ningún interés en cosas espirituales cuando llegan a la adolescencia, la mortalidad espiritual es extremadamente alta.

Cuando su esposa concibió los hijos que llevan su apellido,

trajo al mundo algo más que una mente, emociones y cuerpo. Las personas se diferencian específicamente de los animales por poseer un aspecto espiritual en su naturaleza, que necesita ser cultivado y entrenado. Demasiados padres cristianos creen que han cumplido con su responsabilidad al proveer comida, abrigo, amor y disciplina a sus hijos. Pero esto iría en prejuicio del potencial espiritual tanto de la esposa como de los hijos. Es su responsabilidad guiarlos en los pasos del Señor. Reflexione sobre las siguientes formas en que un padre cumple con su misión sacerdotal en la familia.

1. Debe ser un hombre sujeto al Espíritu. Esto, por supuesto, es el fundamento de su misión sacerdotal, como lo es de todo los demás papeles a desempeñar.

2. Debe ser metódico en su lectura diaria de la Biblia. Hemos visto que niños que han visto a su padre nutrirse diariamente en la Palabra de Dios y aplicar estas enseñanzas en su propia vida, han adquirido con facilidad la misma práctica en su juventud. En esta área se aprende más "viendo" que "escuchando".

3. Debe dirigir el altar familiar. Me parece increíble que pueda haber una familia controlada por el Espíritu que no dedique un tiempo cada día a la lectura bíblica y a la oración. A nosotros nos resultó bien adaptar el tiempo devocional a la edad de los chicos. Cuando eran pequeños, leíamos un pasaje corto de las Escrituras, enseñábamos a uno de ellos a orar y luego terminábamos con oración. A medida que crecían, alargábamos la porción bíblica y les permitíamos más participación. En su adolescencia, discutíamos el pasaje bíblico y generalmente eran por lo menos tres lo que oraban. Hoy en día puede aprovecharse de las excelentes guías devocionales que están disponibles en las librerías cristianas. También hay emocionantes historias bíblicas que mantienen el interés de los más pequeños. Estos materiales nos resultaron excelentes para el rato de lectura en la tarde o justo antes de dormir.

Mi pastor y amigo, el Dr. Truman Dollar, de la Iglesia Bautista de Kansas City tiene un método devocional que puede ser aún mejor que el que nosotros usábamos. Todas las noches la familia pasa un momento devocional justo antes de que los chicos vayan a dormir. El padre lo conduce cuando está; si está ausente, su esposa Donna dirije la lectura y las oraciones. Si ambos padres están afuera, su hijo mayor, Tim, lo hace. Cuando él tampoco está, el que le sigue en edad queda a cargo. Todas las niñeras son instruidas al respecto, de modo que cada noche concluye en oración familiar. Si nuestros hijos todavía estuvieran en casa, ensayaríamos este procedimiento.

El tiempo de oración familiar y lectura bíblica, con frecuencia llamado "altar familiar" o "devociones familiares", se desarrolla mejor si es dirigido por el padre. Tiene mayor autoridad en su voz, y es bueno para los hijos saber que su padre está 100% respaldando un programa de edificación espiritual para la vida de sus hijos. Tuve el gozo de ver lo que llamo un "bacán tejano" (un hombre que había gastado toda su vida en los pecados de la carne) llegar a Cristo. Algún tiempo después de su conversión conversábamos acerca de, por qué vino a ver a un pastor cuando estaba semiborracho y obviamente en el último escalón de la vida. "Fue la vieja Biblia familiar que mi padre nos leía cada noche. Di la espalda a la fe de mi padre, pero siempre sabía que estaba disponible para cuando me viera desesperado". Este tipo de confianza ha sostenido a más de un muchacho ante la tentación del pecado, de la filosofía o del materialismo. Es el padre-sacerdote de la familia quien debe guiar el período devocional. Admito que para algunos temperamentos es más difícil conducir estas sesiones que para otros. Su familia, sin embargo, no necesita un brillante predicador en ese momento, sino del liderato sacerdotal en la lectura de la Biblia y en la oración, a cargo de la persona más importante de sus vidas. No es cómo lo hace lo que importa; lo que importa es quién es usted.

SUGERENCIAS PRACTICAS
PARA LA HORA DEVOCIONAL

Para lograr que esos momentos devocionales sean lo más efectivos posibles, ofrecemos las siguientes sugerencias:

1. Determine una hora que mejor se adapte a los compromisos de su familia. Esta puede cambiar a medida que los hijos

crecen o cuando el padre cambia el turno de trabajo. Pero debe haber un momento fijado que la familia pueda consignar como sesión familiar, de diez a treinta minutos. Nosotros encontramos que el mejor momento era inmediatamente después de la cena. Todos estaban relajados y de buen ánimo para hablar con Dios.

2. Sea constante pero no legalista. Ocasionalmente habrá que saltear el devocional para no perder el partido de la Liga Local, pero como regla, al menos cinco noches semanales, la familia debería compartir su tiempo devocional.

3. Requiere la cooperación de madre y padre para que el programa sea constante. La madre debe tener la comida a tiempo para que no interfiera en otros compromisos. (Muchas esposas cristianas murmuran contra la falta de constancia de sus esposos, sin advertir que la tardanza de la cena contribuye a la negligencia devocional). El padre debe preparar las Biblias y/o guías devocionales y estar mentalmente preparado para la devoción, quizás leyendo la porción bíblica antes de la cena.

4. Estimule a los chicos a participar activamente. El padre no necesita leer él mismo la Escritura y dirigir todas las sesiones, pero los hijos deben haber comprendido lo que se ha leído.

5. Aproveche este momento para enseñar a la familia a orar. Como muchas familias, teníamos en la cocina un pizarrón de corcho, con un mapa mundial donde marcábamos los lugares donde había misioneros sostenidos por nuestra iglesia. Agregábamos otros que habían visitado nuestro hogar y nuestras peticiones especiales de oración. Siempre era una bendición para los chicos agradecer a Dios por su respuesta cuando llegaba, y entonces quitábamos la petición del pizarrón.

La oración resulta más fácil a los niños, cuando tan lejos como puedan recordarlo, se daban las gracias en cada comida—y entonces hablar con Jesús se volvía algo tan natural como hablar con cualquier otro. Nuestros propios hijos no tienen ninguna dificultad en confiar que Dios responderá a sus oraciones, porque pueden rastrear su fidelidad con frecuencia en nuestra vida familiar. Me viene a la mente una ocasión. Siempre he creído importante compartir nuestras necesidades con la familia, y en lo posible, visualizar la petición para hacerla más específica. Nuestro auto estaba a punto de exhalar su último suspiro, de modo que discutimos acerca de comprar otro. Siendo una familia de seis, todos estuvimos de acuerdo en que necesitábamos una camioneta para nueve pasajeros. Inclusive elegimos un Plymouth de triple cabina que se presentaba con puerta especial y ventana automática. Por cierto incluía marcha automática y todos los "extras". Para cuando sumamos todos los requisitos, el auto era mucho más caro de lo que podría afrontar nuestro magro presupuesto, de modo que empezamos a orar pidiendo a Dios nos diera una usada en buenas condiciones. Encontré una hermosa foto de lo que queríamos en una revista, de modo que la recorté y la coloqué en nuestro pizarrón. Todas las noches los chicos se acordaban de orar por el auto. Francamente, a veces su fe era más fuerte que la mía, porque ese modelo de auto tenía apenas un año y los usados eran más escasos que dientes de gallina. Una noche sonó el teléfono. Un capitán de marina que asistía a otra iglesia en nuestra ciudad había oído que estábamos buscando un auto usado y hablaba para saber si estaríamos interesados en comprar el de él. Lo enviaban al extranjero, y ¡tenía una camioneta Plymouth con siete meses de uso! Estaba demasiado nervioso para preguntarle si era triple cabina para nueve pasajeros, pero por supuesto que lo era. Lo recibimos haciéndonos cargo de la deuda—la mejor compra de auto que jamás habíamos hecho. Ese auto transportó a la familia durante cinco años y es "el" auto que permanece en la memoria de los chicos hasta hoy. Dos de ellos están casados y tienen hijos propios, y ambos tienen autos que han logrado a través de la oración. Les enseñamos a nuestros hijos a orar por todo, desde ropa hasta casas. También les enseñamos versículos bíblicos, como: "Hasta ahora nada habéis pedido en mi nombre; pedid, y recibiréis, para que vuestro gozo sea cumplido" (Juan 16:24).

El padre-sacerdote que cumple fielmente su responsabilidad espiritual hacia su familia, disfruta de sus hijos más tarde en la vida. Sin duda conoce muchos que quisieran volver a vivir esos jóvenes y dóciles años, pero una vez que han pasado, se han ido para siempre. El padre-sacerdote que cumple su tarea con fidelidad, forja un cinto de protección espiritual que rodea a sus hijos a lo largo de la vida. El ministerio pastoral del padre es un refuerzo que toda familia necesita para asegurar una crianza exitosa de los hijos.

EL ESPOSO COMO PROTECTOR DE LA FAMILIA

Tanto como pueden verificar las investigaciones antropológicas, el hombre siempre ha sido el protector de la familia. Cuando estuvimos en Africa, presenciamos una escena nativa típica: una pequeña villa con cinco chozas, todas rodeadas por una pared hecha a mano, con un solo portón. Al entrar, nos encontramos con el padre, sentado con el arco sobre su regazo, obviamente protegiendo a sus cinco esposas y sus veintinueve hijos.

La necesidad de recibir protección física varía con la comunidad y con los medios y oportunidades del hombre. Está tan arraigada su comprensión en nuestra necesidad, que apenas necesitamos mencionar algunas de las áreas menos obvias, pero no por ello menos importantes, en las que el esposo es el protector de la familia.

1. Debe proteger psicológicamente a su mujer. Ya hemos visto que la autoaceptación y la dignidad propia son esenciales a todo ser humano. Lo que piense de usted mismo influye en todo lo que hace. En realidad, lo que piensa de usted mismo es mucho más importante que lo que supone que otros piensan de usted. Para una esposa, la opinión que el esposo tenga de ella es de vital importancia. Mientras él la apruebe, poco le importa que otros no lo hagan; pero si él no la aprecia, no le importa que otros lo hagan.

Todo esposo sabio hará lo imposible, como vimos en el capítulo sobre el amor, para estimular a su esposa a través de su aprobación. La Biblia dice que el esposo debe dar "honor a la mujer como a vaso más frágil" (*vea* 1 Pedro 3:7). Sin duda habrá visto a un hombre humillar públicamente a su esposa delante de amigos, anunciando sus debilidades o sometiéndola a otras formas de malintencionada ridiculización. Los hombres sanguíneos lo hacen porque carecen de tacto y son ego-céntricos; en consecuencia, dicen cualquier cosa para provocar la risa. Los melancólicos critican todo y a todos (a menos que estén llenos del Espíritu), de modo que sus esposas no son una excepción. Nadie puede ser más sarcástico que un colérico. Con frecuencia tiene la errada idea de que sacando los trapitos sucios de su esposa delante de sus amigos, se corregirá. De todos los temperamentos, los menos probables a criticar a su mujer en público son los flemáticos, pero tampoco se les suele escuchar algún cumplido.

Un esposo melancólico-colérico vino a consultarme varias veces. Era a la vez crítico y sarcástico (una fórmula infalible para arruinar a una esposa), pero sabía que debía cambiar. De acuerdo con su informe oficial, su esposa sanguínea-flemática "hacía todo mal". Como ejecutivo de éxito, que manejaba una eficiente oficina con la ayuda de una secretaria que lo aguan-taba a ratos no podía entender por qué su esposa fallaba en la dirección de la casa. Confesó, sin embargo, que su manera de encarar el asunto no hacía sino empeorar las cosas. Seguro que adivinó—su técnica empresarial le hacía criticar a la esposa desde el momento en que entraba a la casa después del trabajo hasta que se iban a la cama. "No mantienes bien la casa". "La cocina está desorganizada". "La situación financiera está hecha un desastre". "Arruinas el secarropa porque nunca lim-pias el colector de pelusas". "Ni siquiera sabes doblar bien mis calcetines". No lo sorprende a nadie que la esposa se haya ve-nido abajo. Le pregunté si alguna vez había intentado *alabarla*.

—Por cierto que no —fue la respuesta—. ¡Nunca tengo nada por lo cual alabarla!

—¿Le ha sido infiel su esposa alguna vez?

—No —contestó.

—Empecemos aquí.

El diálogo suplió la siguiente información: le había dado tres hijos, preparaba comidas bastante buenas, era una cris-tiana consagrada, amaba y trataba bien a su suegra, vestía bien a los hijos y los ayudaba en las tareas escolares. "¡Pero es tan mal ama de casa!"—intervino. Su mirada estrecha sólo podía enfocar esta deslumbrante debilidad, haciéndolo impermeable al hecho de que su crítica, queja y cantinela sólo hacían peor las cosas. Afortunadamente, en ese estrecho callejón, estaba dispuesto a probar cualquier cosa—aun la alabanza.

Programamos un plan para treinta días de alabanza. Requirió todo el autocontrol que podía juntar, pero cumplió con su deber y luego pasó este informe: "Los primeros cuatro días ella no sabía a qué atenerse, pero luego se relajó gradualmente. El quinto día me esperó en la puerta con un beso, cosa que no había hecho en años. Volvió a hacer mis comidas favoritas y llegó a guardar mi ropa limpia antes de que yo llegara a casa. La semana pasada alguien le prestó el libro *La mujer total* y una noche, cuando los chicos estaban en casa de mi madre, ¡no me creería cómo me recibió en la puerta!" Nunca mencionó si la atención de la casa estaba mejorando (probablemente sí), pero pienso que ya no le preocupaba.

Uno de los significados secundarios de la palabra bíblica *sumisión* implica "responder". Una mujer responde al trato de su esposo. Nunca he visto una mujer que no responda afirmativamente al amor, a la ternura y a la alabanza.

2. Debe proteger psicológicamente a sus hijos. Ningún hombre ocupa un lugar tan importante en el corazón de los niños como su padre. En consecuencia, lo que piense de ellos es de suma importancia durante sus años formativos. Es esencial que el padre aprenda a ubicarse al nivel de los chicos y los estimule y alabe en todo lo que hacen. Como la esposa, los hijos responden positivamente a la alabanza y nunca a la crítica.

Cuando volvimos de nuestro viaje misionero alrededor del mundo, nuestro hijo Larry y su querida esposa, Kathy, estaban viviendo en nuestra casa con sus dos hijos varones, de uno y tres años, mientras esperaban que terminaran de construir su nueva casa. Primero les habían prometido la casa en dos meses, luego en dos más . . . y hasta ahora hemos vivido juntos nueve hermosos meses. Esta proximidad nos ha permitido una oportunidad poco usual de observar a dos de nuestros nietos y revisar algunos de los principios de formación de los hijos. Ha sido interesante ver a Larry desenvolverse con sus chicos. ¡Realmente me hubiera gustado saber algunos de esos principios cuando él tenía esa edad! Con una palabra de estímulo de su parte, los chicos prueban de todas formas, no importa cuán inútiles sean sus esfuerzos iniciales. Cada vez que intentan hacer algo que está más allá de sus posibilidades, lo miran de inmediato buscando su aprobación. Por sólo verlo en sus ojos, volvía a percibir que todos los niños buscan a su papá para recibir aprobación y alabanza. La mayoría de las personas inhibidas y frustradas a las que he aconsejado jamás habían disfrutado ese tipo de aprobación cuando niños. Casi todos los esquemas negativos de autoimagen comienzan en la niñez. Un padre comprensivo es un maravilloso antídoto.

3. Debe proteger a su familia de errores filosóficos. El mundo en que vivimos está inmerso en una batalla por el control de la mente humana, y todo padre cristiano debiera estar consciente de ello. Dios está usando la Biblia, la iglesia y el hogar para construir en la mente de nuestros niños los principios que necesitan para vivir correctamente en esta vida y en la eternidad. Satanás, por la otra parte, usa todo lo que está a su disposición para corromper la mente de nuestros hijos e inflamar sus pasiones juveniles a fin de desviarlos del plan y de los propósitos de Dios. El ha invadido nuestro otrora grandioso sistema educativo y ahora lo usa para propagar ateísmo, evolucionismo, inmoralidad, amor libre, drogas e increíbles filosofías perniciosas. También se ha apropiado de la televisión, del cine, de los libros, revistas y otros medios que penetran la mente. El padre lleno del Espíritu Santo reconocerá esas principales fuentes de maldad y las evitará en su hogar. Puesto que los niños no ejercen por instinto un sano juicio y parecen tener magnetismo hacia lo que es dañino, Dios les ha dado padres para gobernar sus decisiones. Hace pocos años, padres ingenuos solían discutir en mi contra cuando les sugería que supervisaran la televisión en su hogar. Este aparato se ha vuelto tan corrupto y degenerado que los padres ya no niegan sus efectos. La exaltación que hace Hollywood de la inmoralidad, el lesbianismo y la homosexualidad masculina lo ha puesto en evidencia como el entretenido corruptor, que siempre fue. "Los caminos del hombre no son los caminos de

Dios", y los padres cristianos deberían enfrentar este hecho. No podemos confiar en Satanás para educar o entretener a nuestra familia.

Recientemente mi amigo el pastor Jim Reimer, de la Primera Iglesia Bautista de Enid, Oklahoma, invitó a Bill Kelly (el director de nuestro sistema educativo cristiano aquí en San Diego) y a mí a hablar en su iglesia un miércoles por la noche para entusiasmarlos a abrir una escuela cristiana en su comunidad. Me preguntó en privado si era legítima la motivación que lo impulsaba a hacerlo: su propia preocupación por la influencia que la educación secular ejercía sobre sus hijos. Me reí y luego le expliqué: "Esa es exactamente la razón por la que comenzamos el colegio secundario cristiano en San Diego hace quince años. Estaba preocupado por la perniciosa filosofía a la que mis hijos estaban expuestos día tras día". Jim no lo advirtió pero estaba demostrándome que tenía claras sus prioridades: era primero padre y luego pastor.

Todo padre debiera estar preocupado por el tipo de educación que sus hijos están recibiendo. Si ejerce sobre ellos una influencia malsana (y seguramente lo hace, ahora que el gobierno federal controla nuestras escuelas locales a través del subsidio financiero), debería hacer todo lo posible por proveer a sus hijos educación cristiana. Estoy convencido de que toda iglesia que siga realmente la Biblia debería considerar la posibilidad de usar sus instalaciones para una escuela cristiana durante la semana. De acuerdo con los últimos exámenes locales sobre educación, estamos haciendo un trabajo formativo muy superior al de las escuelas públicas, y nuestros hijos están más protegidos del daño físico, moral y filosófico. Y además, podemos enseñarles la Biblia. Las iglesias cuyas instalaciones no pudieran albergar más de una o dos clases, deberían coordinar con otras iglesias de la misma índole.

¿Qué hacer respecto al costo de la educación privada? Para muchos padres este es el factor vital. Pero Dios ha prometido proveer para todas nuestras necesidades, y si usted reconoce que esta es una necesidad y lo hace un sincero motivo de oración, Dios le va a proveer los medios. Muchos de los padres que mandan sus hijos a nuestra escuela pensaban que nunca podrían afrontarlo, pero Dios ha provisto milagro tras milagro. Nunca limite a Dios por falta de fe, decidiendo de antemano lo que El no puede hacer. Por esa razón los israelitas pasaron cuarenta años en el desierto innecesariamente.

4. Deberá proteger a su esposa e hijos de las faltas de respeto. La rebeldía que acecha en el corazón de todos los niños finalmente aflora en el hogar. La rebeldía generalmente se expresa en primer lugar como falta de respeto hacia la madre. Cuando los niños son pequeños, las insubordinaciones menores son tratadas por la madre como desobediencias, pero si no se las domina pronto, se tornan en un hábito que sólo el padre puede curar. Si no lo hace, esa irrespetuosidad se volverá eventualmente contra él, y luego dirigida fuera del hogar y finalmente pondrá al chico contra la sociedad y la policía. Rara vez los oficiales de policía deben arrestar a chicos respetuosos.

Nadie puede garantizar mejor que el padre que los hijos del hogar traten con respeto a la madre—siempre que él mismo la trate respetuosamente. Yo he criado a mis hijos así. Hoy, mis hijos, que siempre han sido muy dados a su madre y se sienten desinhibidos con ella, pueden embromarla, pero nunca le faltan el respeto.

El padre que ama al Señor y a su esposa le garantizará ese respeto. El Señor lo requiere cuando dice: "Maridos . . . [dad] honor a la mujer como a vaso más frágil . . . para que vuestras oraciones no tengan estorbo" (*vea* 1 Pedro 3:7).

VII

EL ARTE DE LA COMUNICACION FAMILIAR

LA COMUNICACION ES UN aspecto esencial de todo ser humano. Es una de las diferencias significativas entre las personas y los animales. El hombre tiene un deseo innato de comunicarse con Dios y con sus congéneres. Muchos individuos sustituyen la comunicación con Dios por la comunicación con otros seres humanos. A la larga, esto es autodestructivo porque tiende a ser comunicación con propósitos egoístas. Los individuos que genuinamente gozan comunicándose con Dios a través del poder del Espíritu que mora en ellos, estarán más relajados respecto a sí mismo y a los otros, y en consecuencia encontrarán más fácil comunicarse con aquellos que los rodean.

Los expertos en comunicación señalan que el arte de la comunicación contiene tres elementos básicos: (1) hablar; (2) escuchar; y (3) comprender. Podríamos agregar dos ingredientes importantes: gestos corporales y empatía. Todos saben cómo definir el habla, pero *hablar* no garantiza la comunicación. Como ha dicho con frecuencia el Dr. Howard Hendricks en nuestros seminarios: "Hablar es fácil; cualquiera puede hacerlo. Pero comunicarse es un trabajo difícil". Podríamos agregar que la comunicación requiere dos personas, ambas concentradas sobre la misma cosa: aquello que se está diciendo. Puesto que hablar es mucho más fácil que escuchar, el problema más difícil en todo el proceso es escuchar. Si el oyente no está interesado en el tema y no tiene ninguna motivación para atender, la comunicación es casi imposible. Como conferenciante por mucho tiempo asumí que la comunicación es responsabilidad del que habla. Pero después de enseñar tanto en la escuela secundaria como en la universidad he llegado a advertir que la mejor ilustrada ponencia (con apuntes mimeografiados inclusive) no será comprendida sin la cooperación del que escucha. Si eso es cierto en términos generales, lo es mucho más en la situación familiar. La comunicación siempre requiere al menos dos personas.

Uno de los problemas más publicados con respecto al matrimonio es el de las barreras de comunicación. Si se hiciera una encuesta a los consejeros matrimoniales activos, estos dirían que los problemas más sobresalientes serían el presupuesto familiar y la comunicación—y aunque pudieran diferir respecto a cuál de ellos es el primero, la mayoría pondría a uno de ellos en primer término y al otro en segundo. Un experto sugiere que el 50% de los matrimonios tienen serios problemas de comunicación. Y los cristianos no están exentos. Recientemente Bev y yo aconsejamos a una activa pareja cristiana que tenían varios hijos. Una de sus ilustraciones fue que ella se había marchado el domingo por la noche sin preguntarle si él quería escuchar la presentación de la cantata del coro en el que ella cantaba. El estaba sentido porque ella no había tenido en cuenta preguntarle su deseo sino que había supuesto que no querría ir, y dijo con enojo: "¡Siempre asisto a los cultos los domingos por la noche!" La comunicación era tan dolorosa para esta pareja que ambos habían evitado compartir sus verdaderos sentimientos.

DIFICULTADES GRADUALES
EN LA COMUNICACION

Ya es un fenómeno conocido en la tarea de aconsejar matrimonios de parejas que nunca tuvieron problemas de comunicación antes de casarse comienzan a tenerlos después. Aun parejas que afirman: "¡Todavía nos amamos profundamente!", pueden encontrar difícil comunicarse. Antes de casarse podían hablar interminablemente sobre cualquier cosa particularmente por teléfono (cuando el padre de la chica está tratando de llamar a casa), pero después de la boda gradualmente se torna más difícil hasta que constituye un problema. ¿Cómo ocurrió?—"Muy gradualmente". Las siguientes son algunas de las cosas que lentamente extinguen la conversación entre dos enamorados después de la luna de miel.

1. Perspectivas discrepantes. Antes del casamiento, la pareja compartía un sueño: la boda y el hogar. Después de la boda, el joven se enfrenta con nuevas responsabilidades y restricciones que lo hacen concentrar en sostener a su esposa, y a veces aún se pregunta si vale o no la pena, en vista de las restricciones. A los veinte años más o menos había finalmente ganado el derecho de ir y venir en su hogar sin tener que dar cuentas de su tiempo o sus actividades. Repentinamente se encuentra con una mujer que quiere saber: "¿Cuándo vas a estar en casa . . . dónde vas a estar . . . con quién vas?" Muy gradualmente la novedad de la vida matrimonial va siendo reemplazada por una sensación de irritación ante este nuevo requisito de dar cuentas.

El esposo empieza a deslizarse hacia un engranaje vocacional más complejo que durante los días del noviazgo. Entonces había en cierto modo dejado de lado sus intereses vocacionales (no el trabajo—o en el caso del estudiante, el estudio; pero no ocupaban el primer lugar en su mente—lo primero era casarse). Ahora regresa a una necesidad básica, aptitud vocacional y solvencia económica. Antes del casamiento su interés número uno era compartido por igual. Ahora se marcha sólo a un mundo diferente. Ella puede preguntar: "¿Cómo te fue en la escuela (o el trabajo) hoy?" El dará una respuesta de cinco a diez minutos de duración; pero la tarea le llevó ocho a diez horas de su vida, lejos de ella.

· La esposa, si no trabaja, se torna doméstica en su actitud mental, concentrada en comidas, ropa, casa, etc. Si se divide entre intereses domésticos y vocacionales, la joven esposa también puede sentirse algo desilusionada por las realidades del matrimonio. Volver corriendo del trabajo a la casa a preparar la comida en lugar de comer lo que prepara la mamá, requiere acostumbrarse. No es nada raro que dos amantes se sienten en silencio en su hogar durante semanas después de su casamiento, ambos cuestionándose en silencio lo acertado de su decisión, pero sin desear discutir sus verdaderos sentimientos. Este período de adaptación es generalmente temporero y es la primera fase de la adaptación mutua. Es importante que hablen honesta y libremente durante estos días; pero no es fácil.

2. Diferentes intereses y compromisos primarios. Es natural que una esposa joven recién casada empiece a pensar en la maternidad. Al hacerlo, y especialmente después de quedar embarazada, su interés número uno es el bebé (y la casa). La mayor preocupación de él es profesional, especialmente si están agregando la responsabilidad de la paternidad. Así, los libros y revistas que él lee son de carácter vocacional, las de ella están centradas en la familia. Las metas de ella son inmediatas, las de él a largo plazo. Mientras ella piensa en "cunas de mimbre sin pedestal y tejidos", él está pensando en una casa o terreno "en las afueras". Empiezan a asignar prioridades a cosas diferentes. Ella puede sentir que su resistencia a gastar en la habitación del bebé muestra su desinterés en la criatura. Si verbaliza estas ideas, él puede ofenderse. A él le parece legítimo pensar que el deseo de la esposa de comprar muebles para el bebé es irrazonable ahora, considerando que deben ahorrar para el pronto pago de la casa nueva. Las prioridades diferentes entre los cónyuges producen conflictos de interés.

Una de las razones por las que apoyamos el programa prenatal Lamaze, que se está volviendo popular ahora, es que obliga a la pareja a prepararse *juntos* para la llegada del bebé. Les provee un interés vital para ser compartido, en un momento en que necesitan algo para compartir. Desafortunadamente, los hospitales indican que es difícil persuadir a muchos esposos para que reciban el entrenamiento. Este interés compartido, a pesar de lo valioso que resulta, es de corta duración. La pareja necesita otras áreas de interés para compartir.

Una profunda amistad y compañerismo conyugal debe construirse sobre intereses comunes. Siempre que veo un esposo y una esposa que no comparten metas e intereses comunes, intuyo problemas. Si todo lo que comparten es un apellido, una casa, cama e hijos, van a ir apartándose gradualmente. Deben desarrollar intereses en común. Aquí es donde la iglesia e intereses espirituales comunes ayudan mucho a una pareja controlada por el Espíritu Santo. Un estudio bíblico sistemático, amigos cristianos y otras actividades Cristo-céntricas son una verdadera ventaja.

Una mujer, especialmente durante el comienzo de su matrimonio, será precavida si aprende todo lo posible con respecto al trabajo de su esposo, sus deportes favoritos, las noticias diarias, si esas son sus principales áreas de interés. Un esposo sabio también cultiva los intereses de su esposa y se mantiene a su nivel de lectura. Una de las razones por las que los seminarios tienen clases especiales para las "esposas de los seminaristas" es que muchas parejas tienen intereses diversos durante los tres años que el esposo pasa en la escuela—porque su esposa no está estudiando la Biblia junto con él.

Otro factor relacionado con esto son los amigos. A menos que sean cristianos firmes, las parejas suelen hacer nuevas amistades con otros que no están interesados en cosas espirituales. La joven esposa, confinada a la casa y generalmente sin movilidad, debe cultivar amistades en su apartamento o en el barrio. El esposo hace nuevos amigos en las clases que va tomando en el estudio, o en el trabajo. Consecuentemente, no es raro que los antes "compañeros inseparables" deseen hacer salidas diferentes con sus amigos de trabajo o del vecindario. Esto puede ser peligroso.

3. Temperamentos opuestos afectan la comunicación. El temperamento afecta todos los aspectos de la vida de una persona, particularmente su conversación. Lo que parecía razonable y gracioso antes del casamiento, puede parecer irritante después. Los sanguíneos son superhabladores. Su lema es: "Cuando estés en duda, habla", o, como decía un sanguíneo amigo mío: "La voz del sanguíneo entra por la puerta antes que él". Eso es cierto sólo si tienen un auditorio ante el cual desempeñarse. Antes de la boda, despliegan su actuación para la "prometida". Después que han dicho todo lo que saben tres veces, quedan silenciosos hasta que llega una visita. Eso hace que la esposa de un sanguíneo pueda resentirse a causa de que "su marido habla más cuando viene un extraño que cuando estamos solos".

Los coléricos hablan constantemente de sus ocupaciones, tienen opiniones hechas y generalmente viven de las discusiones. Es difícil hablarle a un colérico. Si estás en desacuerdo te incita a la discusión verbal. Si estás de acuerdo, no hay mucho que decir que él no lo haya dicho ya. Advertencia: ¡Si no está de acuerdo con un colérico, si discute lo hace bajo su propio riesgo! Nadie puede ser tan sarcástico y tan mordaz.

Los melancólicos son perfeccionistas verbales con una innata obsesión por ser precisos y corregir a los demás en todo lo que hacen. Toman la oposición en un sentido extremadamente personal, y a menudo descubren exactamente lo que usted quiso decir pero no quería expresar (y a veces lo que no quiso decir).

Los flemáticos no son grandes habladores. Dejan que otros hablen, evalúen el panorama completo y rara vez están en desacuerdo, por temor a la crítica o al conflicto. Afortunadamente, son extremadamente diplomáticos. Si no fuera por ello, su pareja podría tenerlos en una permanente confrontación verbal.

Estas diferencias temperamentales sólo ejemplifican las profundas diferencias de pensamiento que muchas parejas tienen. Es necesario aprender a ver la vida a través de los ojos de la pareja.

4. Esquemas de pensamiento de uno o dos compartimientos afectan la comunicación. Otra sutil diferencia entre los cónyuges en el matrimonio es la habilidad de pensar en más de una cosa por vez. Bev tiene la capacidad de atender ocho cosas a la vez. Yo no—sólo puedo pensar en una cosa por vez. Una noche llegué a casa y la encontré cuidando nuestros nietos. Tenía una torta en el horno, estaba cocinando algo, y mientras ponía la mesa, tenía el teléfono instalado contra la oreja escuchando una interminable conversación. Cuando pasé a su lado, susurró: "¡Hola!", y se arrimó para besarme. Yo no puedo hacer eso. Cuando me habla alguien por teléfono, recibe mi atención total o nada.

Esta característica probablemente se deba más a diferencias temperamentales que a identidad sexual. Generalmente se considera a los hombres más condicionados a pensar en una cosa por vez, pero no estoy seguro de que sea así. Tenemos un abogado amigo que lee extractos legales mientras mira la televisión. Bev podría hacerlo, pero ni la esposa del abogado ni yo podríamos. Bev se enfadaba conmigo porque yo no le hablaba durante un programa de televisión. No puedo hacerlo. De hecho, ni la oigo. Muchas parejas son opuestas en este aspecto.

Se imaginan cómo afecta la comunicación cuando uno quiere hablar y no logra la atención del otro. Lo que generalmente ocurre es que el que quiere lograr que lo atiendan levanta más y más el volumen, y el otro lo desatiende aun más o se ofende.

Este problema no resulta fatal, una vez que ambos conyuges lo comprenden y lo tratan. Nosotros hemos encontrado que, en lugar de dejar que se torne en una fuente de irritación, puede producir humor. Hoy en día, Bev o los chicos reaccionan a mi falta de atención a sus conversaciones con un: "¡Eh, pared! ¿Cómo están la esposa y los chicos?" Si lo oigo, todos nos reímos; si no, me despabilo—consciente de ser el objeto de su diversión.

5. *Diferencias no resueltas producen conflictos.* La mayoría de las parejas descubren después de la luna de miel que tienen muchas más diferencias temperamentales, formativas y personales que las que jamás hubieran soñado. Estas diferencias deberían ser tratadas en la conversación con franqueza. Eventualmente, puede ser esencial un plan que implique cambio en uno de ellos—o compromiso para ambos. De otra manera resulta desastrozo cuando tales diferencias producen un choque de voluntades.

Una ridícula ilustración de esto ocurrió durante nuestro segundo año de matrimonio. Vivíamos en dos habitaciones de una casa de dieciséis piezas, mientras asistía a la universidad, a cambio de atender la jardinería. Una hermosa tarde tuvimos una cena muy linda en el jardín mientras los dueños estaban afuera. Era un precioso escenario, pero nosotros lo arruinamos. Bev estaba embarazada de tres meses más o menos de nuestro primer hijo, de modo que le sugerí que debía tomar leche. (Todo padre presunto sabe que el bebé en formación necesita el calcio que la leche provee). Bev dijo: "Yo no tomo leche". Francamente, pensé que eso era estúpido. Pensé que todos toman leche, particularmente las mujeres embarazadas. De modo que insistí con tacto; ella se rehusó. Probé por la fuerza y las amenazas; aún se resistía. Finalmente, le dije: "Querida, si no te tomas esa leche, ¡la voy a echar sobre tu cabeza!", a lo cual respondió: "Bueno, pues échala, porque yo no voy a tomar esa leche". ¡No le vayas a decir a un colérico carnal de veintidós años que no vas a hacer algo! De modo que estúpidamente derramé la leche sobre su cabeza. Destruyó la comunicación en casa durante dos días, sin mencionar cómo arruinó lo que podría haber sido una hermosa noche. Veintinueve años después, todo lo que se me ocurre para describir esa escena es la genial frase literaria: "¡Qué necios son los mortales!"

FLECHAS QUE DESTRUYEN LA COMUNICACION

El instinto de conservación es la bien publicada regla número uno en la vida—y es cierta, tanto psicológica como físicamente. El Dr. Henry Brandt dice: "No hay desnudez comparable a la desnudez psicológica". Todos nosotros empleamos armas para protegernos de quedar expuestos. El problema con su uso es que sofocan la comunicación. Considérelas con cuidado; deben ser evitadas.

1. Explosión. Una herramienta efectiva para la autodefensa, y una de las más usadas en el hogar, es la explosión de ira. Esto engendra un ambiente de discusión e invariablemente hace más mal que bien. La explosión le enseña al compañero que tenemos un límite hasta el cual podemos ser presionados, cerrándonos a la comunicación más allá de esa área. Ya dedicamos bastante espacio a esto en el capítulo cuatro de modo que no es necesario repetirlo, salvo decir que una familia bajo el control del Espíritu no recurre a esta herramienta—o dejan de estar llenos del Espíritu.

2. Lágrimas. Después de la ira, y generalmente como resultado de ella, las lágrimas son las armas más populares de nuestra propia defensa psicológica. Naturalmente, es más común en las mujeres que en los hombres, y son muy efectivas para expresar: "Si me presiona demasiado, lloraré". Una vez que el dique se quiebra y llega la inundación de lágrimas, la conversación no puede continuar, a menos que el atacante sea tan insensible que continúe el castigo verbal sin misericordia a pesar de las lágrimas.

3. Críticas. Requiere mucha madurez aceptar la oposición, la crítica o el desacuerdo sin estar a la defensiva. La inclinación natural, (aunque no sea una reacción muy espiritual) es criticar a la otra persona. Algunos caracteres fuertes pronto aprenden que pueden mantener a su cónyuge atemorizado bajo la amenaza del ataque crítico, y con ello lo fuerzan a evitar sacar a flote asuntos desagradables. Esto arruina la comunicación y no beneficia en nada al amor.

Una esposa dominante y compulsiva castigaba verbalmente a su esposo desde que entraba hasta que se iba. Le arrebataba el diario de las manos, repitiéndole constantemente todo lo que le molestaba (aun con relación a su noviazgo, treinta y cinco años atrás). Un día le habló interminablemente a través de la puerta del baño, y finalmente entró de golpe, pensando que él no la escuchaba. Este hombre solía andar sin rumbo por la ciudad, en su auto, atemorizado de volver a su hogar. Hablar puede ser una válvula de escape para el que habla, pero no lo es para el que escucha.

4. Silencio. Los flemáticos y algunos melancólicos han encontrado en el silencio una gran arma para evitar lo desagradable. Evitar una discusión recurriendo al silencio (escondiéndose detrás del diario o escapándose a la bañera o al garage) es un arma exasperante para aquél sobre quien es dirigida. Los temperamentos extravertidos encuentran imposible usar el silencio como arma. Los sanguíneos no pueden estar callados más de treinta segundos seguidos y los coléricos no son mucho mejores.

La estrategia del silencio a menudo toma una de estas dos formas: aislarse o resentirse. Aquellos que se refugian como en una ostra protectora le están diciendo al oponente (o a la pareja) que si provocan demasiado, harán la "escena de la tortuga" y esconderán la cabeza, cortando la comunicación. Aquellos que usan el silencio por resentimiento, son en el fondo personas llenas de enojo.

Un hombre flemático, cuyo hablar pausado no concordaba con su esposa colérica-sanguínea (que podía hablar como una ametralladora en plena acción), me dijo: "¡Al fin he descubierto cómo manejar a esa mujer!" Cuando le pregunté cuál era la nueva técnica, me contestó: "¡El silencio! ¡No lo puede soportar! La semana pasada estuve cinco días sin decirle una palabra". Le previne que en última instancia ese tipo de cólera resentida le produciría úlceras. Se rio y dijo: "Soy flemático; los flemáticos no tienen úlceras". Poco imaginaba ninguno de nosotros que dos semanas más tarde lo llevarían de urgencia al hospital con esa misma enfermedad, a los veintiocho años de edad.

El caso más prolongado que conozco de alguien que guardó silencio hacia la esposa, fue de veintiún días. Y, créanlo o no, ambos eran cristianos laboriosos y consagrados. Ella era una colérica-sanguínea que hacía juicios instantáneos; él era un estudiante flemático-melancólico extremadamente reflexivo. Ella hablaba el noventa por ciento del tiempo, tomaba la mayor parte de las decisiones y le ganaba en cada debate o discusión. El finalmente recurrió al silencio hasta que ella se callaba y le dejaba decir lo que realmente sentía en su corazón. Me resultaba increíble que dos personas pudieran estar casadas durante treinta años y todavía tuvieran que echar mano de tales armas para poder vivir juntos. Ella debió "aprender a callar" y él debió arrepentirse de su enojo.

5. *Charla interminable.* Algunas personas no soportan el silencio. Es casi como si temieran que el silencio diera al cónyuge o a la familia la oportunidad de hacer alguna devastadora

pregunta que pudiera exponerlos en su debilidad. De modo que hablan y hablan y hablan. He conocido personas de las que estaba seguro que hablarían dormidos, porque era evidente que no les requería ningún control consciente el uso de la lengua. En consecuencia, charlan sin parar sobre cualquier cosa. Generalmente este es el síntoma de una personalidad extremadamente insegura (aunque algunos son como la persona dominante y compulsiva mencionada bajo el punto "Críticas"). Tales individuos tienen terror de quedar expuestos, sin advertir que se *están* exponiendo. Algunas mujeres parecen tender a este estilo locuaz de vida más que los hombres, aunque también he visto cierto porcentaje de superhabladores masculinos también. El esposo de una de estas habladoras estaba viéndome con regularidad y realmente había aprendido a andar en el Espíritu. Un día llegó a la cita con una sonrisa, para contarme lo que había hecho la noche anterior. Parecía que su esposa hubiera estado hablando y hablando como una hora; entonces se levantó, se acercó a ella y suavemente le puso la mano sobre la boca, diciendo: "Querida mía, te amo, te amo, te amo—¡pero mis oídos necesitan un descanso!" Ambos rieron y gradualmente ella está aprendiendo a suavizar el torrente de su charla.

Hay otras armas que la gente emplea para sofocar la verdadera comunicación, pero estas son las más comunes. Si se descubre usándolas, confíe que Dios le puede dar la victoria, que puede disfrutar de una mente sana y amante que El quiere dar a usted y a su pareja.

NUEVE CLAVES PARA
UNA COMUNICACION EFECTIVA

Como cualquier otra cosa, la comunicación efectiva es un arte que debe ser cultivado por dos personas. En este caso es tanto el que habla como el que escucha. Las siguientes sugerencias son claves para una mejor comunicación en la familia y están pensadas para facilitar aquellos asuntos que deben ser tratados con una comunicación cara a cara.

1. Aprenda a entender a su pareja. Llegar a conocer a fondo

a una persona no es una tarea fácil, y ciertamente no puede lograrse antes del casamiento. La mayoría de las parejas viven
juntas muchos años antes de que realmente se comprendan el
uno al otro. Una de las razones es que cada uno de ellos está
tan envuelto en sí mismo que han equivocado la razón por la
cual contrajeron matrimonio. Tenían en mente que su
cónyuge los entendería. Es sorprendente cuántas personas
están obsesionadas por el deseo de que su pareja los compren-
da, cuando en realidad deberían estar más preocupados por
entender ellos al compañero.

Un conocido consejero familiar dijo: "Si su mayor deseo es
ser comprendido, usted es una persona enferma". Todo el
énfasis del Evangelio se dirige a "dar" como Cristo se dio a
nosotros. Uno de los rasgos básicos de la persona egoísta es que
no le interesa entender y aceptar a otros, pero piensa que
deben entenderlo y aceptarlo a él. La mejor herramienta conocida para ayudarle a aprender a conocer a su pareja es la teoría
de los temperamentos. Explica las acciones y reacciones de tal
forma que le quita el aguijón de por qué su pareja actúa como
lo hace. Más de una fuente de conflicto se resuelve cuando,
por ejemplo, se pone de manifiesto que la tendencia a hablar
mucho es un reflejo del temperamento sanguíneo, o que la
exasperante actitud analítica es una consecuencia del temperamento melancólico del cónyuge. Agregue a esto las diferencias debidas al sexo, a la formación, a los valores—y verá que
realmente lleva un buen tiempo aprender a entender realmente a la pareja. Sin embargo, cuando se logra, evita considerablemente la presión en la relación en los momentos en que esas
diferencias entran en conflicto.

2. Acepte a su pareja con alegría en forma incondicional.
Todos temen al rechazo, algunos temperamentos más que
otros, pero cuanto más amamos una persona mayor es nuestro
deseo de ser aceptados por ella. Y puesto que todos nos comu-
nicamos a través de las emociones además del habla, es imprescindible que las parejas se acepten sinceramente uno a
otro, para que puedan revelar realmente esa aceptación. Esto
es particularmente cierto cuando deben discutirse algunas dificultades o áreas problemáticas en el matrimonio. Como la

comprensión, la seguridad de la aceptación evita la tensión en una situación potencialmente difícil, mientras que el temor al rechazo actúa como si se echara gasolina en el fuego.

Los dos pasos arriba mencionados son básicos y debieran ser cultivados a lo largo de la vida matrimonial, no sólo en los momentos de presión. Cuando se hace esto, se logrará suavizar el ambiente cuando las diferencias deben ser enfrentadas.

3. *Prevea un tiempo adecuado para su pareja.* La mayoría de las sesiones de comunicación son promovidas por uno de los miembros de la familia, generalmente uno de los cónyuges. Ya hemos visto que algunos son lúcidos por la mañana; se les llama "petirrojos". Los "búhos" son lo opuesto; se despabilan lentamente pero a menudo funcionan bien de noche. Obviamente, es recomendable elegir un horario que le venga bien a su pareja. Una buena regla para seguir en este aspecto es: nunca hable sobre dinero u otros problemas "pesados" después de las 9:30 ó 10 de la noche. Por alguna razón, los problemas parecen más oscuros y grandes por la noche.

Al aprender a conocer a su pareja se le hace más fácil determinar la mejor hora para comunicarse. Para la mayoría de los hombres, después de la cena la devoción es completa. A veces la pareja tiene que cenar afuera para asegurarse la privacidad con respecto a los hijos. Las sesiones de comunicación no están reservadas a los padres; a veces son los adolescentes quienes la inician. Recuerdo que uno de los nuestros nos reunió para decirnos que le parecía que el resto de la familia no estaba tratando correctamente a uno de sus amigos. De pronto surgió la verdadera razón: "¿Por qué deberíamos hacerlo? ¡El chico es pesado!" dijo uno de nuestros hijos adolescentes. Como se imaginan, tuvimos una animada discusión. La cuestión era que una persona joven sentía lástima por este chico rechazado; sus hermanos y hermanas no lo querían. En cuanto confesó su preocupación por el otro adolescente, todos encontramos más fácil entender sus motivaciones y prometimos ser más correctos hacia su amigo. Esta confrontación abierta es saludable.

4. *Inicie el tema con tacto.* Cuanto más difícil sea el tema, más tacto requiere para ser presentado. La mayoría de las pa-

rejas adquieren pequeñas técnicas que luego de un rato indican una sesión "pesada". Siempre que Bev dice: "Querido, ¿puedo compartir algo contigo?" me da un buen sacudón en mi fracturado ego—ya sé, "ahí viene". Cuando yo le digo a ella: "Corazón, ¿estás de buen ánimo esta noche?" le dan un poco de naúseas o mareo y se prepara para el momento de la verdad. A veces su cónyuge puede no sentirse dispuesto a enfrentar alguna de sus debilidades o áreas problemáticas. Esté preparado para postergar la sesión, recordando que tiene más interés en conservar una relación duradera que en agarrarse de algún problema particular.

5. *Diga la verdad en amor.* (Efesios 4:15). Cariñosamente comparta cómo se siente y cómo encara la situación o el problema que le está zumbando alrededor. Dígalo en forma simple, honesta, pero siempre en amor. Porque el amor nunca diluye la verdad pero tampoco infringe heridas innecesarias.

La verdad es aguda y puede doler. Por ejemplo, cuando la esposa le dice al marido que piensa que él debería poner sus propias medias en el canasto o tener mejores modales en la mesa—o el marido le sugiere a la esposa que sea tan tolerante con uno de los hijos como lo es con los otros, o que ha estado descuidando la atención de la casa, o cualquier otra cosa—va a doler; la verdad generalmente duele. Pero tal comunicación es como un cirujano amigo mío, que no puede ayudar a las personas sin hacerles doler. Sin embargo, porque ama a sus pacientes, nunca hace las incisiones más grandes de lo necesario.

6. *Permita tiempo para la reacción.* Sería ideal que todos fuéramos tan maduros que nuestra respuesta al ser confrontados con una seria debilidad o una falla en nuestro esquema, fuera agradecer a la persona que nos dijo la verdad. ¿Pero quién es ideal? ¡Sólo el hombre o la mujer controlados por el Espíritu Santo! Casi todos los demás se pondrán a la defensiva y actuarán en consecuencia. Algunos recurrirán a uno o más de las armas de autodefensa descritas más arriba. Más vale que esté dispuesto a recibir cualquier cosa que le ofrezcan, con un espíritu calmado. Porque si reacciona a la reacción del otro ya ha arruinado la sesión. Y la responsabilidad por la paz es suya, porque usted sabía de antemano lo que iba

a decir y podía prepararse para ello. Sin embargo, su cónyuge es generalmente tomado por sorpresa. De hecho, puede confiar que Dios lo hará estar listo con una "blanda respuesta", porque como hemos visto, quita la ira. Dando una respuesta suave: "Lo pensaremos", o "Espero no haberte herido, pero es lo que yo sentía", generalmente logrará su cometido.

7. Nunca discuta ni se defienda. Acalle el deseo de defender su posición, y a menos que le pida, no dé ilustraciones. Si lo hace, uno o dos serán suficientes. Recuerde, está sembrando una delicada semilla en la mente de la persona que ama—déle tiempo para germinar.

8. Ore por el asunto. Otro gran capital de los cristianos es la oración. No sólo es beneficiosa en hacernos humillar cuando nos arrodillamos ante Dios, sino que en forma realista introduce una tercera persona en nuestra relación. No hay ninguna duda de que las familias que oran acerca de sus problemas y diferencias tienen mucha menos tensión al enfrentarlos, porque tienen alguien más, vitalmente comprometido. Cuando una pareja alcanza un *impasse*, ambos pueden acordar orar y pedirle a Dios que les muestre quién está equivocado o qué curso de acción deben tomar. Si se han herido o insultado mutuamente, después de orar es algo simple disculparse y pedir perdón.

Muchas sesiones de comunicación terminan con la necesidad de uno de los participantes de disculparse por haber violado o no haber respetado los derechos del otro. Al lado de las dos palabras de oro del matrimonio—"te amo"—, sigue la otra palabra esencial: "perdón". Confesar a Dios facilita la confesión al prójimo.

En relación a esto, me sorprende que tantas parejas cristianas que creen en la oración (y creen que todas las parejas cristianas deben orar), a menudo descuidan hacerlo. Una vez hice una encuesta y encontré que menos del 30% oraba tres veces por semana. Toda pareja cristiana debiera orar regularmente.

Este libro será leído por más de una persona cuyo cónyuge no es cristiano o que es tan carnal que rehusa orar. No lo oblige. Usted no está solo; puede ". . . [orar] a tu Padre que está en secreto, y tu Padre que ve en lo secreto te recompensará en público" (*vea* Mateo 6:6). De hecho, una vez que ha comunicado un asunto a su pareja, tiene en la oración una corte superior de apelación a la que puede recurrir. Esto produce dos consecuencias: atrae realmente la bendición de Dios sobre su problema y le ayuda a usted a "retirarse" una vez planteado el asunto. Esto permite a su pareja pensar acerca de sus afirmaciones. Los hombres se resisten con fuerza a admitir sus errores, aunque cuando están llenos del Espíritu Santo lo hacen. Un cónyuge sabio no exige un asentimiento verbal, ya que es un cambio de conducta lo que realmente desea. En la oración usted puede anticipar ese cambio por fe, pero es Dios quien debe producirlo, no usted.

9. *Someta el asunto a Dios.* Una vez que se ha conversado sobre un asunto difícil—sea sexo, hijos, presupuesto, suegra, vacaciones o los millones de asuntos problemáticos que el matrimonio y la familia originan—sométalo a Dios. *¡No siga quejándose!* Esto generalmente equivale a que se lo discuta una sola vez. A veces puede pasar que traiga el asunto a colación una segunda vez, pero no es aconsejable que lo haga tres veces. Puesto que todos somos impacientes por naturaleza (algunos temperamentos más que otros), resulta difícil a menudo esperar el cambio de conducta deseado. Esta es otra razón por la que es preferible la vida familiar cristaina en lugar de un hogar sin Dios. Nosotros tenemos un Padre Celestial a quien podemos someter nuestros caminos, nuestros deseos y nuestras necesidades. De esto puede estar seguro: Dios bendice a aquellos que se someten a sí mismos y a sus problemas.

Debido a que hemos tocado áreas conflictivas en la vida familiar en varios de nuestros libros, Bev y yo recibimos una enorme cantidad de cartas. Ahora hemos establecido un nuevo ministerio por correspondencia, una sección de los Seminarios de Vida Familiar. (Para una respuesta personal sobre problemas de la vida familiar que no estén atendidos en este libro, puede escribirnos a: "Counseling by mail", P.O. Box 1299, El Cajón, California 92021.)

Tenemos varios ejemplos de las respuestas milagrosas que Dios da al cristiano que somete sus problemas a El, una vez que los ha hecho conocer a su cónyuge—ninguno tan humorístico como la mujer que nos escribió para contarnos cómo Dios había resuelto un problema sexual. La pareja había estado casada durante once años, y a pesar de que amaba a su esposo, ella nunca había experimentado un orgasmo. Como muchas otras mujeres de esta época moderna (en que las esposas conocen esta posibilidad), ella sintió que estaba siendo defraudada en esta área. En una librería cristiana local compró *El acto matrimonial*, lo leyó y le sugirió a su esposo que lo hiciera, pero sin éxito. Luego provocó con tacto una sesión de comunicación y claramente le informó que ella no estaba siendo satisfecha en esta área. Su flemático compañero se encerró en su ostra de autoprotección diciéndole que las "chicas decentes" no se interesan por esas cosas, (como si un hombre estuviera en condiciones de saber qué hacen las "chicas decentes" en el matrimonio). Su esposa le insistió que el libro decía que ninguna pareja necesita conformarse con menos que la mutua satisfacción y luego le pidió nuevamente que lo leyera, pero él se negó.

Reconociendo que tratar el asunto de nuevo sería nefasto—y como procuraba ser una mujer de Dios—, oró sobre el problema y lo encomendó a Dios. En la carta nos contó lo que había pasado. Su esposo recibió una invitación para asistir a un almuerzo para hombres en una ciudad del centro-oeste, donde hablé al grupo y terminé con un período de preguntas y respuestas. Un hombre hizo una pregunta un tanto hostil: —Pastor LaHaye, ¿por qué usted, siendo ministro de Dios, escribió un libro como *El acto matrimonial*?

Hubo un silencio mortal por un momento, y respondí: —Por las siguientes razones: primero, demasiadas esposas cristianas tienen el erróneo concepto de que hacer el amor es maligno o feo. Sentí que era hora de que un pastor les hiciera oir la perspectiva bíblica de que Dios quiso que el sexo fuera bueno y hermoso. En segundo lugar, demasiados hombres cristianos están tan mal informados sobre el tema que están defraudando a su mujer y a sí mismos perdiendo toda una vida de felicidad.

La mujer luego continuó informando que su esposo volvió del trabajo a la casa esa noche y como un corderito preguntó:

"¿Dónde está ese libro sobre el matrimonio que me pediste que leyera?" Lo leyó, y en cosa de días su vida de relación amorosa fue transformada. William Cowper dijo: "Dios se mueve de manera misteriosa para obrar sus maravillas".

CONOCIENDO Y ACEPTANDO

No hay ningún tema que una pareja no debiera poder tratar *alguna vez*. Siempre debiera ser hecho con amor y honestidad, luego sometido a Dios y a la pareja para cualquier cambio que requiriera. Ignorar temas difíciles o áreas problemáticas no soluciona nada y complica el problema.

El Dr. Howard Hendricks ha dicho sabiamente: "Un matrimonio feliz requiere dos elementos: (1) dos personas que se conozcan profundamente (Eso implica más que el conocimiento sexual de una persona, aunque también lo incluye); y (2) dos personas que se acepten completamente una a otra". Es probable que ninguna pareja joven satisfaga esas dos cualidades completamente, porque conlleva varios años de vida con una persona y cientos de horas de comunicación hasta llegar a conocer a la pareja plenamente y ser tan controlados del Espíritu como para amarse y aceptarse mutuamente en forma total. Cuando lo logra, tiene la relación ideal. (Para una presentación más completa, consulte el excelente libro del Dr. Dwight Small, *After You've Said I Do.*)

VIII

LAS FINANZAS EN EL HOGAR

EL AMOR AL DINERO PUEDE ser la raíz de todos los males, pero el *mal uso* del dinero es el origen de muchos de los problemas de la vida. Esto puede ser cierto tanto para los solteros como para los casados. El vendedor charlatán e insistente tarde o temprano entra a la casa de cada familia.

Una estudiante universitaria hizo una llamada de larga distancia a sus padres para decirles de la maravillosa oportunidad que se le había ofrecido. Una compañía que tiene todo un historial de estafas a mujeres jóvenes, con su "oferta sensacional para estudiantes con interés reducido", acababa de arrasar la residencia universitaria. Había caído en la trampa de su vocabulario comercial y creía que no podría ser feliz sin esa mercancía. Excitadamente les contó sobre "pagar un dólar por semana durante seis meses, luego dos dólares por semana durante dos años y veinticinco dólares por mes después de la graduación, hasta completar el pago (lo cual parecía un período bastante indefinido). Con el interés sumado, resultaba que terminaba pagando el doble del precio real. Sus padres finalmente pensaron que si esto le enseñaba una lección definitiva respecto a los créditos, entonces valía la pena el dinero extra que debería pagar. Como muchos otros "compre ahora— pague después", la deuda continuaría mucho después de pasado el entusiasmo y el valor de la compra. Si hubiera estado obligada a pagar al contado, no hubiera tenido dudas respecto a su posibilidad de comprar el objeto, pero cuando le dijeron que los pagos serían de "tan sólo uno o dos dólares por semana", razonó que estaba a su alcance.

Este tipo de publicidad y propaganda comercial produce gran parte de la agitación en los hogares hoy en día. Los créditos estimulan a la gente a comprar cosas que no podrían afrontar y que quizás no necesitan. Ha producido un nuevo énfasis en la posesión de cosas materiales, que es insano, y provoca una actitud de indiferencia hacia el costo de las compras. La "buena vida" se les presenta a las parejas jóvenes como la rápida acumulación de una casa llena de muebles y otras posesiones en base a créditos, lo que de otro modo llevarían normalmente diez a quince años de matrimonio. Son muchas las parejas que en los primeros años de matrimonio se han rodeado de créditos de todo tipo. Este "poder adquisitivo" no se detiene a medida que se cancelan las deudas, sino que como una enfermedad contagiosa se extiende—mes tras mes.

El problema básico en el 70% de los matrimonios que fracasan arraiga en el presupuesto. Cuando se agrega a los conflictos y diferencias normales en un hogar, las presiones financieras que provienen de los gastos excesivos y de las compras a crédito, las consecuencias pueden ser la hostilidad, la amargura, y en los casos graves, el divorcio. El insidioso enemigo de mucho de esos matrimonios sin duda han sido los créditos y la presión de consumir de "no puedo vivir sin esto". En las primeras etapas de su matrimonio, las parejas corren a pedir crédito para poder establecerse, para descubrir sólo más tarde que el crédito era su peor enemigo y que aquello que habían logrado establecer se está ahora desmoronando. La compra a crédito estimula las adquisiciones "impulsivas", a dar regalos despilfarradores y además a gastar en exceso,—simplemente porque usted puede llevarse la compra a casa sin tener que pagar en efectivo. Finalmente llega el día de la verdad, cuando se suman todas las cuentas, y las deudas de fin de mes empiezan a llegar unas tras otras. Aumenta la tensión, surge la irritabilidad y los temperamentos relampaguean. Lo que comenzó siendo un estilo normal de vida repentinamente se torna en un foco de frustración y acusaciones.

COMO SE MANIFIESTAN
LAS PRESIONES FINANCIERAS

1. Compras excesivas. Las presiones financieras producen depresión, y algunos experimentan un alivio temporero de la depresión comprando nuevos artículos. Por cierto que a la larga, esto sólo complica el problema ya existente.

2. Espíritu crítico. Las mujeres son especialmente culpables de esta actitud cuando están bajo presión. Comenzarán a quejarse acerca de todo aquello que hace el marido y a ellas no les agrada, hasta el punto de exagerar las cosas fuera de proporción. Esto le proporciona una válvula de escape para liberar parte de la presión interior que se ha acumulado.

3. Mentira y engaño. La manera más común y complicada de encubrir asuntos de dinero es mintiendo. Tanto el esposo como la mujer recurren al engaño financiero para satisfacer sus impulsos materiales. Cuando el dinero se gasta en forma absurda o despilfarrada, descubren la necesidad de mentir para salir de una situación financiera difícil, y de su propia confusión.

4. Búsqueda de autocompasión. La persona habla una y otra vez sobre sus problemas financieros, en la esperanza de que otros le provean un alivio temporario. Si no hay un evidente esfuerzo por ayudarse, la simpatía produce más daño que beneficio.

5. Fatiga extrema. Puede llegar muy lentamente, hasta que no recuerden cuándo comenzaron a sentirse tan cansados. Vivir bajo la irritación y las acusaciones los induce a sentirse derrotados antes de empezar siquiera.

6. Enfermedades psicológicas. Tensiones y *stress* prolongado son los principales generadores de enfermedades auto-inducidas. Cualquiera que viva bajo la tensión del "último aviso", o llamadas de cobradores, es un candidato seguro para este problema.

7. *Acusaciones amargas.* Acusaciones de estupidez, indiferencia, interferencia y egoísmo son algunos de los dardos que se arrojan ida y vuelta. Es más fácil culpar al cónyuge del desastre financiero en la familia que aceptar que gran parte del problema es propio y corregirlo.

8. *Frigidez temporera.* Es muy difícil mantener una interrelación sexual íntima cuando la tensión está creciendo y se instalan resentimientos. Si esta situación se mantiene por un período largo de tiempo, la frigidez temporera puede aumentar y dar lugar a una desesperanza sexual para ese matrimonio. Un esposo dijo que sentía como si debiera pagar para tener relaciones con su esposa—ella sólo mantenía relaciones con él cuando el dinero llegaba liberalmente.

9. *Tratamiento de silencio.* Cuando la relación sexual llega a interrumpirse, no pasa mucho tiempo sin que cese la comunicación, al menos la comunicación normal. Puede haber acusaciones y gritos por un lado, mientras la otra parte se encierra en el silencio. El silencioso generalmente se llena de resentimiento hacia su pareja. Cuanto más silencioso es uno, más grita el otro, y la situación va de mal en peor.

10. *Finalmente, separación.* En medio de la desesperación, muchas parejas piensan erróneamente que pueden solucionar mejor el problema separándose. Llegados a este punto en el matrimonio, la mayoría de las parejas no están en condiciones de razonar muy lúcidamente, y por ello están dispuestos a evadirse de la realidad y huir del desastre financiero en que se encuentran. Antes de llegar a este estado, deberían seguir el consejo de Proverbios 12:15: "El camino del necio es derecho en su opinión; mas él que obedece al consejo es sabio". Parece ser que el problema del dinero en la relación matrimonial es el último por el cual una pareja busca consejo. Cuando las parejas enfrentan dificultades sexuales o confusión respecto a los hijos, u otros problemas, están más dispuestos a encontrar ayuda que cuando enfrentan un desastre financiero. Los hombres particularmente, piensan que esta área es un reflejo de su superioridad masculina, y el ego les inhibe la búsqueda de ayuda. Demasiado a menudo esperan hasta que es tarde y el daño ya ha sido causado. La Biblia dice que el hombre sabio es el que presta atención al consejo.

EL DINERO ESTA EN EL PLAN DE DIOS

El dinero es necesario y es una parte del plan de Dios para su pueblo. Es sólo el amor al dinero y su mal uso lo que resulta destructivo. La Biblia contiene muchas instrucciones para nosotros respecto a cómo manejar nuestro dinero. En consecuencia, debemos concluir que la forma en que lo usemos es un aspecto de nuestro andar cristiano.

Yo recomiendo que una pareja joven (o cualquier pareja) discuta y mantenga un solo presupuesto, para que tanto el esposo como la esposa estén bien al tanto de dónde se va el dinero. Muchas parejas han encontrado que esto les hace abrir los ojos y les ayuda a resolver las presiones financieras que se han creado (o aun antes de que se produzcan). El principal propósito de un presupuesto es identificar y controlar los gastos excesivos y superfluos. ¡No se burle de un presupuesto! Si ya tiene deudas, necesita desesperadamente hacerse uno para ayudarle a equilibrar sus gastos con sus ingresos. Proverbios 16:9: "El corazón del hombre piensa su camino; más Jehová endereza sus pasos". El primer paso de una planificación es un simple pero útil presupuesto.

No puede planear un presupuesto y esperar que Dios dirija sus pasos hasta que no esté dispuesto a honrarlo con las primicias de sus ingresos. En otras palabras, lo primero que debe hacer es obedecer a Dios y separar el diezmo. "Traed todos los diezmos al alfolí y haya alimento en mi casa; y probadme ahora en esto, dice Jehová de los ejércitos si no os abriré las ventanas de los cielos y derramaré sobre vosotros bendición hasta que sobreabunde" (Malaquías 3:10). Pues aquí hay una promesa que no puede dejar pasar. El Señor dice que lo prueben dándole todo el diezmo—y El les va a bendecir hasta que no tenga más necesidad. Parece imposible, pero recuerde que nuestro Dios atiende las cosas imposibles de la vida y El le desafía a probarlo.

Durante nuestro primer año de matrimonio, ambos éramos estudiantes en la universidad—y el dinero alcanzaba justo. Los aranceles universitarios de Tim se cubrían con un beneficio social. El dinero que teníamos asignado para vivir era 120 dólares mensuales, con los cuales había que cubrir diezmo, alquiler, comida, transporte, ropa y mis aranceles universitarios. No había forma de que alcanzara, y siempre andábamos atrasados. También pastoreábamos una pequeña iglesia rural los fines de semana, a unos cincuenta y dos kilómetros. Allí nos daban 15 dólares por semana, pero apenas cubría el transporte. Estábamos muy contentos con nuestra primera iglesia y confiábamos que Dios nos ayudaría a superar nuestra situación financiera. En una ocasión debíamos mis aranceles y no teníamos dinero para pagarlos. De hecho, entre ambos teníamos cincuenta centavos de dólares que debían mantenernos durante dos semanas. De nuevo confiamos en Dios y en su ayuda para estirar esos cincuenta centavos—y le encomendamos mi deuda. Al día siguiente Tim trajo del correo un cheque que cubría exactamente mi cuota. Varios estados dieron una bonificación a los veteranos, y el estado de Michigan fue el primero en hacerlo. Durante esos días diezmábamos escrupulosamente de cada pequeño ingreso que recibíamos. Dios "pasó la prueba", en lo que a nosotros respecta.

Varios años atrás, Tim desafió a los miembros de nuestra congregación a dar un paso de fe y elevar en ese año su diezmo al 20%. Se lo llamó "doble diezmo" y fue un verdadero acto de fe para las muchas familias que consagraron este incremento de ofrenda. Al terminar el año, hablamos con muchas familias para ver si habían continuado dando el 20% durante todo el año. Nuestros corazones se estremecían al oir familia tras familia testificar acerca de la fidelidad que Dios les había demostrado. Vez tras vez escuchamos historias sobre cómo Dios había estirado el 80% mucho más allá de lo que ellos hubieran podido hacer con el 100%. Ni una de esas familias había experimentado dificultades financieras ese año. No deberíamos sorprendernos porque después de todo es exactamente lo que

El ha prometido hacer. Pero aun ahora al registrar esta historia en el papel, mi corazón rebosa cuando pienso que Dios, en su fidelidad, nunca nos defrauda cuando nos hace una promesa.

Esta experiencia ocurrió durante uno de los períodos de mayor inestabilidad económica que tuvimos en nuestra ciudad, y la desocupación era muy elevada. Mientras asistía a una reunión de pastores, Tim escuchó a un pastor local comentar cuántos hombres en su congregación estaban sin trabajo, y le preguntó cuántos miembros tenía su iglesia. Cuando volvió a la oficina, contó cuántos miembros de nuestra congregación estaban sin trabajo y comparando el tamaño de ambas congregaciones, descubrió que nuestro índice de desocupación era dieciocho veces menor que el de ellos. Varios hombres comentaron en aquellos días que otros hombres en sus lugares de trabajo habían sido dejados cesantes debido a las restricciones económicas, pero por alguna razón "misteriosa" nuestros hombres parecían tener protección sobrenatural. ¡No podemos ganarle al Señor con nuestras dádivas!

La ofrenda mínima se considera el diez por ciento. Sin embargo, el Antiguo Testamento requería un $23\frac{1}{3}$ por ciento—y si un hombre daba menos, le estaba robando a Dios. Cada pareja debe determinar el porcentaje a dar, teniendo en mente el principio bíblico: ". . . El que siembra escasamente también segará escasamente; y el que siembra generosamente, generosamente también segará. Cada uno dé como propuso en su corazón: no con tristeza, ni por necesidad, porque Dios ama al dador alegre" (2 Corintios 9:6-7).

HIPOTECAS

Con la economía inflacionaria de nuestra época, es completamente imposible que una pareja adquiera casa propia o auto sin hacerlo a plazos. Una precaución al comprar un auto es estar seguro de que el anticipo sea lo suficientemente alto como para que el resto de la deuda no sea mayor que el precio de reventa del automóvil. No se deje ganar por el vendedor que lo hace sentir desconforme con un auto viejo. El año pasado viajamos por 42 países extranjeros y encontramos muchos autos de fabricación americana andando muy bien con más de 450.000 kilómetros (o aun 600.000). En Norteamérica se han convencido de que después de los 150.000 kilómetros un auto ya no sirve. Otra precaución es no intentar comprar una casa y un auto en el mismo año. Esto sería un suicidio financiero. Cuando se saca un crédito, sea por una casa o un auto, la deuda comienza el día en que vence la cuota mensual. Cerciórese de que las cuotas son suficientemente bajas como para poder pagarlas cuando están fijadas. Cuando esté por enfrentar una deuda por casa o auto, examine cuidadosamente sus otros gastos para estar seguro de que pueden ser reducidos como para permitirle encarar otro gasto mensual.

En los Salmos se nos enseña: "El impío toma prestado, y no paga; mas el justo tiene misericordia, y da" (37:21). Proverbio 22:7 establece: "El rico se enseñorea de los pobres, y el que toma prestado es siervo del que presta". Esto nos recuerda rigurosamente que Dios quiere que tengamos libertad financiera, no importa cuáles sean nuestros ingresos.

Para ayudarlo a reducir cualquier gasto excesivo, aquí hay algunas preguntas básicas que deberían preguntarse antes de hacer una compra que no se considere de absoluta necesidad para subsistir.

1. ¿Necesitamos este artículo?
2. ¿Tenemos el dinero para pagarlo al contado (o para no exceder nuestra capacidad de pagar a crédito)?
3. ¿Es una de nuestras prioridades?
4. ¿Oramos sobre esto?
5. ¿Hemos buscado la mejor oferta?

Si todas estas preguntas han sido contestadas afirmativamente, entonces haga una más:

6. ¿Le hemos pedido a Dios que confirme o quite el deseo?

Si la respuesta es otra vez *sí*, entonces proceda sabiamente. Si las respuestas son negativas, entonces agradezca a Dios por evitar que haga una compra imprudente.

PLANEANDO UN PRESUPUESTO.

Hay muchos libros disponibles para ayudar a una pareja a confeccionar un presupuesto simple y funcional. Jorge M. Bowman ha expuesto una guía para establecer un presupuesto en su libro *Here's how to succeed with your money.* * Sugiere que, después de pagar el diezmo y los impuestos, los ingresos deberían ser repartidos según el plan 10-70-20.

10% ahorros e inversiones
70% subsistencia
20% deudas y fondo de reserva.

Me gustaría subdividirlo un poco más y ofrecer los siguientes porcentajes para una familia de cuatro cuyo ingreso anual sea de $150,000 a $300,000 pesos. En este ejemplo, usaremos el promedio de $216,000 pesos anuales (familia de cuatro). Todas las cifras se redondean al entero más próximo.

PLANEANDO UN PRESUPUESTO
(familia de cuatro)

De un sueldo promedio de $216,000.00 MN anuales

Gastos tomados del total	% del total	Desembolso anual	Desembolso mensual
Diezmo	10%	21,600.00	1,800.00
Impuestos*	14%	30,240.00	2,520.00
TOTAL	24%	51,840.00	4,320.00

El Balance (76% del total $216,000.00) lo dividiremos en porcentages totalizando de esto $164,160.00

*Esta guía de Bowman ha sido adaptada para nuestros lectores en América Latina. Debido a que cada país tiene su sistema económico, hemos adaptado este presupuesto en base a la economía mexicana sólo para darle una idea más asequible y clara al lector.

Gastos	%	Anual	Mensual
Vivienda (Pagos, impuestos, seguro, etc.)	32%	52,524.00	4,377.00
Automóvil (Pagos, gasolina, aceite, reparación, seguro, etc.)	14%	22,980.00	1,915.00
Comida (No golosinas)	33%	54,180.00	4,515.00
Ropa (Comprar con sabiduría)	7%	11,496.00	958.00
Deudas (Aquí es dónde debemos tener más cuidado)	5%	8,208.00	684.00
Misceláneos (Entretenimiento, recreación y vacaciones)	5%	8,208.00	684.00
Recetas médicas y dentales	4%	6,564.00	547.00
Ahorros (Si ha tenido un buen año sin tener gastos de reparaciones de auto y servicios médicos se considera que puede tener una cuenta Bancaria de Ahorros que le podrá capacitar para ser un comprador de contado y eventualmente iliminará el 5% de deudas). El propósito de esto es ayudarle a deshacerse de sus tarjetas de crédito.	?	?	?
TOTAL	100%	164,160.00	13,680.00

Lo anterior es sólo una sugerencia de esquema para presupuesto. El presupuesto no va a trabajar por usted, usted debe trabajar sobre él. Si está muy comprometido con deudas, no espere que el presupuesto solucione sus problemas de un día para otro. Requerirá mucho sacrificio y renunciamiento poner en orden el aspecto financiero de su hogar. Pero recuerde—es posible. La tranquilidad mental y el orden que recupera el hogar bien valen todas las negaciones y limitaciones que deberá imponer a sus gastos.

*El Impuesto incluye la cuota que en México se paga al Seguro Social. Lo cual equivale al 14% más o menos en un sueldo de $18,000.00 a $20,000.00 pesos y que de una manera sustituye al Seguro Médico que se menciona en el presupuesto original de Bowman.

¿QUIEN DEBE MANEJAR EL DINERO?

Esta pregunta debiera ser discutida abiertamente antes del casamiento, para que cada uno sepa cómo se siente el otro respecto al asunto. No hay una respuesta única a este problema. Sin embargo, después de aconsejar a muchas parejas en conflicto, hemos llegado a pensar que durante los primeros cinco años del matrimonio es importante que el marido maneje las finanzas. Durante este tiempo, la nueva esposa debe estar adaptándose al espíritu de sumisión y trabajo de equipo. Si es ella quien maneja el dinero, ésta sería un área en la que no tendrá que aprender a someterse—porque es ella quien tiene el control. En forma general, se puede decir que quien maneja el dinero controla la familia, particularmente en estos primeros años.

Después que la mujer se ha adaptado al papel del nuevo marido como jefe de la casa, si ambos están plenamente de acuerdo, ella puede hacerse cargo del libro de cuentas de la familia. Aún así, debe ser un trabajo de equipo. Los ingresos de la familia pertenecen a ambos, y juntos deben planificar y concordar respecto a cómo debe ser gastado. No debe haber ningún secreto financiero entre ambos si quieren tener armonía en su matrimonio.

Cada cónyuge debiera recibir una suma equitativa de dinero para uso personal. El monto de esta asignación no es lo importante. Una persona puede adaptarse a montos variables. Puede ser usado para comprar regalos o para necesidades personales. Lo importante del asunto es que se trata de un fondo, aunque sea pequeño, que cada uno usa a su elección. En el esquema de presupuesto sugerido en la página anterior, figuraría bajo "gastos varios".

Algunas parejas han decidido dividir la responsabilidad en el control de los gastos. El esposo deposita el dinero en su cuenta y luego libra un cheque para la cuenta de su esposa. Aquí entrarían los fondos para comida, ropa, varios artículos y fondo personal para la esposa. El esposo mantiene en su propia cuenta lo necesario para el diezmo, los impuestos, pagos por el auto, seguro, deudas, etc., además de su propio fondo personal, igual al de su esposa.

Es importante que el esposo tenga presente que a la mujer no le agrada pedir cada peso que recibe. Demasiado a menudo el esposo tiene la billetera tan fuertemente asegurada que crea una actitud de amargura y resentimiento en la esposa. Finalmente, en la exasperación, ella explota—y él se pregunta: "¿Qué le pasa?" La mujer dedica igual cantidad de tiempo a mantener la familia unida y atender la casa. ¿No merece los mismos derechos de opinar respecto a cómo debe manejarse el dinero?

ESPOSAS QUE TRABAJAN

Este título se presta a confusión porque puede dar a entender que algunas esposas trabajan y otras no. Toda esposa que valga algo será una esposa "trabajadora". Sin embargo, algunas trabajan en la casa y otras lo hacen afuera, y algunas deben hacer ambas cosas, al menos por un tiempo.

Dada la economía actual, algunas esposas jóvenes encuentran provechoso trabajar un año o dos antes de comenzar a tener hijos. En muchos casos se torna necesario para que la joven pareja pueda enfrentar los elevados gastos de alguiler, comida y transporte. Sin embargo, es prudente que las parejas se adapten lo más rápidamente posible a vivir sólo del ingreso del marido. El salario de la esposa debiera ser sólo dinero "extra" que puede ahorrarse para el anticipo de una casa, o quizás para pagar gastos escolares. Cualquiera sean esos "extras", se debiera tener cuidado en no depender del segundo ingreso para la subsistencia. Desafortunadamente, muy a menudo la pareja disfruta del lujo de dos ingresos y puede llegar a posponer la compra de una casa o la llegada de los hijos. Es en este momento estratégico que algunas parejas deciden que es demasiado costoso tener hijos y proyectan un futuro sin niños.

Si la esposa continúa trabajando una vez que tienen hijos, hay nuevas complicaciones para enfrentar. Se necesita una niñera, que pasará más tiempo con los niños en las horas en que están despiertos, que la propia madre. Del mismo modo, la madre pasará las mejores horas del día—aquellas en que está alerta, paciente, cariñosa, dispuesta a responder y creativa—lejos de sus hijos. La pareja debe examinar el salario de la

esposa en relación a los gastos adicionales que su trabajo oca-
siona. Además, ambos deben considerar los impuestos federa-
les, provinciales y de seguridad social, además del diezmo. Algunos de los gastos más comunes que deben salir del resto son
las tarifas de las niñeras, las comidas adicionales en restaurante, comidas no económicas de último momento en la casa,
transporte a ir y volver del trabajo, pagos de estacionamiento,
ropa extra y quizás ayuda extra en el hogar.

Puede llegar a resultar más económico que la mujer se
quede en la casa, ahorre el sueldo de la niñera, planee ricas comidas caseras a más bajo costo, evite los gastos adicionales y
piense en un trabajo de tiempo parcial que pudiera llevar a
cabo en su casa. He descubierto varias maneras en que una
mujer puede ganar dinero extra en el hogar, y estoy segura de
que hay muchas más. Algunos de estos trabajos podrían ser la
impresión de rótulos, rellenar sobres, cuidar niños de otros,
enseñar piano si está preparada, copias de apuntes para estudiantes, mecanografiar manuscritos, costura para el vecindario. Cuando los niños van a la escuela, algunas mujeres consi-
guen un empleo cuyo horario coincide con el escolar. Esto le
permite estar en la casa cuando los niños vuelven. La mujer
creativa encontrará cómo hacer alcanzar el dinero y todavía
disponer de tiempo para estar con los hijos. Considero que es
de suma importancia que la mujer no trabaje fuera del hogar
cuando tiene hijos en edad preescolar. Estos pocos primeros
años de vida son los más importantes, y nadie tendrá mayor
dedicación y diligencia en la formación de los hijos como su
propia madre.

Hay cada vez más padres que sienten la urgente necesidad
de dar a sus hijos una educación primaria y secundaria de
orientación cristiana. Implica un gasto adicional que no figu-
raba en el presupuesto. En algunos casos, la mujer cuyos hijos
asisten a la escuela puede trabajar durante esas horas a fin de
pagar la escuela cristiana. A causa de los problemas morales y
filosóficos ocasionados por muchas escuelas públicas, la educación cristiana está siendo considerada en forma creciente-
mente prioritaria por los padres cristianos.

Quisiera sugerir que la comunidad cristiana tenga cuidado

al determinar los arreglos financieros para sus pastores y su familia. En años anteriores, los pastores han sido escasamente remunerados, y muchas veces sus esposas se veían obligadas a trabajar para asegurar la subsistencia. Viendo a la mujer del pastor salir a trabajar, las mujeres cristianas seguían su ejemplo—aunque no fuera de absoluta necesidad en su caso. En consecuencia, en muchos hogares cristianos hoy en día tenemos niños que han sido o están siendo criados por las niñeras.

Reconocemos que hay casos hoy en día en que la mujer no tiene otra opción que salir a trabajar. Puede haber fallecido su esposo, haberse divorciado o separado. Qué hermosa oportunidad para que otra mujer, que puede necesitar trabajar, se constituya como madre-sustituto (o niñera) para ayudar a criar estos niños en amor y buena educación. Ambas familias pueden beneficiarse a través de un acto de amor cristiano como éste.

Debe mencionarse otro peligro de las mujeres que trabajan. Cuando una esposa trabaja para un empleador, debe reunir ciertos requisitos. Debe ser pulcra y atractiva; se somete a la autoridad del jefe mientras está en la oficina; es correcta y atenta, alerta y eficiente, flexible en su actividad para adaptarse a los planes del empleador. Todos estos ejemplos corresponden a una mujer que trabaja, pero también son características de la esposa ideal. Es posible que estos intereses y responsabilidades se confundan y se comparen con la pareja en el hogar. Puede desarrollarse el sentimiento de que la "pareja" en la oficina es más eficiente y capaz que la del hogar, y es aquí donde surge el peligro.

UN CRISTIANO DEBE HACER UN TESTAMENTO

La buena mayordomía incluye dejar un testamento que no sólo atienda a sus seres queridos, sino que asigne un porcentaje o un diezmo de su legado a alguna entidad cristiana de su elección. Qué testimonio perdurable puede ser el que, después de su muerte, su dinero continúe en la obra del Señor. Nosotros estamos muy relacionados con el Departamento de Desarrollo del Colegio Christian Heritage de San Diego. Puesto que Tim fue uno de sus fundadores, estamos sinceramente interesados en que continúe desarrollándose. El jefe de este departamento nos ha dicho en varias oportunidades que cuando le consultan respecto a un testamento, siempre sugiere que los interesados dejen un diezmo de su legado a la obra cristiana. Es interesante notar que esto resulta sorpresivo para las personas, que nunca antes lo habían considerado. Eran personas cristianas, y sin duda buenos mayordomos de su dinero mientras vivían. Pero se llenan de alegría cuando se enteran de que, aun después de su muerte, pueden distribuir con fidelidad su dinero como la Biblia enseña.

Si una persona muere sin haber hecho un testamento, el estado dispone de sus propiedades conforme a la ley estatal, y ello puede ocasionar penurias y restricciones a la familia. Consulte a un abogado que pueda redactar su testamento a un precio razonable. Llegará el día en que resultará valioso haber dedicado tiempo a planificar la distribución de sus posesiones terrenas.

El año pasado, cuando salimos en un viaje misionero alrededor del mundo por nueve meses, nos recomendaron que actualizáramos nuestro testamento. Nos resultó una idea chocante en el primer momento, porque teníamos toda la intención de volver a casa. Pero seguimos este buen consejo y nos encontramos con nuestro abogado para concretar la papelería. Algunos días antes de salir del país, invitamos a nuestros cuatro hijos, nuestro yerno y nuestra nuera. Nos proponíamos comentarles lo que habíamos hecho e informarles sobre los porcentajes que asignábamos a organizaciones cristianas específicas. Fue un momento de conversación profunda y debimos orar juntos. Fue una alegría que ellos compartieran nuestra preocupación por estas organizaciones mientras se unían a nosotros en oración por cada una de ellas. Ese testamento estaba produciendo un gran efecto en la vida de nuestros hijos aun antes de nuestra muerte.

Una parte importante de la vida cristiana es la disciplina de mantener el adecuado orden financiero en nuestra casa. ". . . Hágase todo decentemente y con orden" (1 Corintios 14:40).

IX

LA IGLESIA Y SU FAMILIA

LA DECISION CON RESPECTO A qué iglesia concurrir, se ubica aproximadamente en el quinto lugar en una escala del uno al ocho respecto a las decisiones más importantes de la vida. Las cuatro primeras atañen a recibir a Cristo como su Salvador y Señor, elegir una vocación, elegir la pareja y un lugar donde vivir. Desafortunadamente, muchos cristianos no reconocen la gran influencia de la iglesia sobre su familia.

De las tres instituciones fundadas por Dios mismo (la familia, el estado y la iglesia), sólo la iglesia es sostén de la familia. La participación activa en una iglesia de enseñanza bíblica, provee mucha protección contra las perturbaciones de la vida familiar. La iglesia es la mejor agencia de instrucción respecto a los principios de una vida familiar feliz. En consecuencia, la comunidad de la iglesia presenta un nivel mucho menor de divorcios que la comunidad secular. De las 890 familias activas de nuestra congregación, que probablemente sea representativa de las iglesias de orientación bíblica en el Sur de California,

40 quedan rotas por divorcio. En otras palabras, una de cada veintidós familias ha experimentado el divorcio—en contraste con una cada dos en la comunidad general.

Esto significa que los matrimonios cristianos son once veces más estables que las uniones fuera de la iglesia. Si la tasa de divorcios se reduce once veces, podemos suponer que el cociente de felicidad se eleva en la misma proporción. (Las iglesias del sur de California pueden tener un índice más alto de divorcios que el de las iglesias consideradas en forma nacional, porque muchos creyentes divorciados se trasladan al oeste después de pasar este trauma—y por ello las cifras resultan deformadas). Sin embargo, la tasa de divorcios ha crecido en forma alarmante en las iglesias a lo largo de América, porque muchos cristianos imitan al mundo en lugar de seguir obedientemente los principios de Dios.

Una pareja que nos visitó en un servicio matutino de los domingos, se presentó diciendo: "Antes de comprar un terreno y edificar una casa, queríamos estar seguros de que hubiera una buena iglesia cristiana en la comunidad". Desearía que hubiera más cristianos que mostraran ese punto de vista. La mayoría de los que construyeron en esa área probablemente no tenían idea qué tipo de iglesia había disponible. Como la nuestra es la única en varios kilómetros a la redonda, hubiera sido trágico para sí mismos y para sus hijos si no hubiéramos predicado el Evangelio.

Algunos cristianos no entienden que la iglesia a la que concurren puede ser una influencia dinámica en toda su familia. Puede ayudarlos a madurar espiritualmente, enriquecer su relación matrimonial, ayudar a sus hijos adaptarse a la vida. O puede enfriarlos espiritualmente y perjudicar cada área de su vida. Una iglesia cuya enseñanza sea bíblica y vital puede aliviar mucho la carga de los padres en lo concerniente a educar a sus hijos en la disciplina y amonestación del Señor.

Dondequiera que el Evangelio ha sido predicado, las iglesias se han avivado. En los tiempos del Nuevo Testamento, era costumbre para los cristianos reunirse en las casas o salones para estudiar en forma sistemática la Biblia, tener compañerismo unos con otros y "partir el pan". Tales reuniones ayudaban a los nuevos cristianos a crecer en la fe, enfrentar la persecución y salir a compartir su fe en el poder del Espíritu Santo.

A lo largo de diecinueve siglos, los creyentes han continuado reuniéndose regularmente. Estas asambleas, o iglesias, han sido los instrumentos por los cuales Dios ha mantenido vivo su mensaje y lo ha presentado al mundo. Satanás ha procurado persistentemente destruirlas mediante la persecución, la herejía, el divisionismo, la apostasía, las fricciones, el conformismo mundano y una hueste de otros ataques sutiles y malignos.

En el curso de los siglos, Dios ha levantado ciertos grupos y organizaciones que han sido poderosamente usados en áreas especiales como la juventud, las misiones, la educación, etc. Algunos de ellos alcanzaron un pico de efectividad y luego decrecieron, y desaparecieron. El instrumento usado por Dios a través de los siglos—y actualmente—es su iglesia.

El último libro de la Biblia describe siete iglesias locales como "candeleros" (o lámparas) del Evangelio (Apocalipsis 1 a 3). Describe a Cristo como caminando entre los candeleros, o iglesias, deseando iluminarlas, darles poder y abastecer a toda iglesia que quiera hacer su voluntad. Este gran libro profético indica que nuestro Señor ordenó el ministerio permanente de la iglesia local: ". . . las puertas del Hades no prevalecerán contra ella" (Mateo 16:18). La iglesia es la única institución estable en la que la familia puede apoyarse.

Hoy en día la iglesia es uno de los pocos lugares en los que la vida espiritual de un individuo puede ser alimentada. La televisión, la radio, las revistas, los diarios y todos los otros medios de difusión, así como las escuelas públicas, carecen prácticamente de contribución alguna a la edificación espiritual. En lugar de ello, propagan filosofías mundanas contrarias a la Palabra de Dios.

Hubo una época en que los principios de la Biblia se aplicaban a la mayoría de los aspectos de la vida. Nuestra economía se fundó en la integridad y el trabajo esforzado. Muchas leyes se basaron en enseñanzas escriturales. Cada hombre era responsable por sí mismo, pero la preocupación bíblica por el prójimo era un modo de vida. No siempre se practicaban tales principios bíblicos, pero eran las normas básicamente aceptadas. Nuestras escuelas reconocían la existencia de Dios y usaban la Biblia libremente en sus clases.

Hoy todo eso ha cambiado. Padres que desean que sus hijos aprendan la verdad acerca de Dios no pueden esperar mucho de la escuela. El mejor lugar para exponerlos a la enseñanza cristiana—después del hogar—es la iglesia. A través de sus estudios bíblicos, Escuelas Dominicales, grupos juveniles, reuniones de edificación bíblica y otras actividades, la iglesia está organizada para contribuir al crecimiento espiritual de toda la familia. Descontando los libros y revistas cristianas, si un individuo se niega a asistir a la iglesia, es seguro que su familia se va a desarrollar bajo una educación y una filosofía de vida totalmente secular.

La iglesia es probablemente la institución menos popular hoy en día, en todo el mundo. Admitimos que no es perfecta—pero es el instrumento creado por Dios para alcanzar al mundo para Cristo. La iglesia es indispensable para un cristiano y su familia.

PROPOSITO DE LA IGLESIA

Si enseña la Biblia, una iglesia puede cumplir un papel único, ofreciendo algo vital a cada miembro de la familia. Las Escrituras fueron escritas para ayudar a "hijitos . . . jóvenes . . . y padres" (1 Juan 2:12-14). Cuando la Biblia se enseña adecuadamente, provee alimento espiritual para cada persona, según sus necesidades particulares.

Una iglesia también satisface la necesidad básica de todo ser humano de servir a sus congéneres. Como veremos, cualquiera que sinceramente quiera ayudar a otros puede hacerlo en su iglesia local—en la enseñanza, el trabajo juvenil, la visitación o cualquier cosa que esté capacitado para hacer.

Una iglesia también provee oportunidades de sano compañerismo y de hacer amistades en todos los niveles. En la iglesia se pueden establecer vínculos integrales. Niños, jóvenes, recién casados, padres y jubilados tienen que tener amistades en alguna parte—¿dónde mejor que en la iglesia, donde es probable que encuentren personas de principios e intereses similares?

COMO ELEGIR UNA IGLESIA

Puesto que la iglesia a la que se asiste puede tener un efecto tan profundo sobre su vida, la elección de la misma es de vital importancia. Uno no debiera simplemente asistir a la iglesia más próxima. La primera consideración es respecto a la denominación generalmente—pero la decisión final debiera estar basada en el mensaje que se predica y las oportunidades de adoración y servicio bíblico, tanto como en el impacto potencial total que puede ejercer sobre toda la familia.

Las siguientes sugerencias pueden ser de ayuda en la elección de la iglesia para su familia:

1. *Pida sabiduría en oración.* Dios promete sabiduría (Santiago 1:5) para aquellos que buscan su consejo al hacer decisiones. Toda la familia debe unirse en esta oración, porque la iglesia elegida será el hogar espiritual de todos. El razonamiento humano correcto es importante, pero sólo Dios sabe lo que va a ser una iglesia dentro de dos, cinco o veinte años.

2. *Lealtad hacia la Biblia es una característica básica de una buena iglesia.* A medida que visite varias iglesias, evalúelas en función de la cantidad de exposición bíblica cuidadosa y equilibrada que su familia va a recibir allí. Examine el material de Escuela Dominical para ver su contenido bíblico. No hay entusiasmo, promoción u organización que pueda reemplazar una sólida enseñanza bíblica.

Los servicios religiosos varían, según la denominación y el área geográfica. Sus gustos y preferencias están seguramente basados en su trasfondo y en su temperamento. Las iglesias, como las personas, tienen personalidad. Es importante que se sienta cómodo en su iglesia, pero la comodidad o el gusto de las formas no es tan importante como la enseñanza bíblica. Es posible dormirse en una iglesia "cómoda", y sin darse cuenta, empezar a desviarse espiritualmente.

Mi tío, el Dr. Elmer Palmer, fue pastor durante cincuenta y tres años. Cuando yo tenía veinticinco y recién me iniciaba en el ministerio, me aconsejó: "Alimenta la congregación con grandes pedazos de carne de la Palabra de Dios cada vez que prediques". Como resultado de esa advertencia, siempre le he hecho a mis sermones el "Test del Biftec". Esto es, ¿contienen una buena proporción de la Biblia y escasa proporción de Tim LaHaye? Ese tipo de predicación desarrolla miembros espiritualmente fuertes, de modo que busque este tipo de iglesia para su familia.

3. Su iglesia le debe ministrar a toda su familia. Algunas iglesias son fuertes en el trabajo entre los jóvenes, otras en el área de los niños, y otras proveen un buen programa para adultos. Visite las reuniones de jóvenes, la Escuela Dominical, o los departamentos de instrucción a los que asistan miembros de su familia, para que sepa de primera mano qué se está enseñando y quién lo está haciendo. Si desea que sus niños y jóvenes permanezcan abiertos a la guía del Espíritu Santo a lo largo de una vida de entrega, analice la iglesia que tiene en vista para ver cuántos de sus jóvenes están en la obra cristiana o se están preparando para ella. Se estima que el 85% de los pastores y misioneros en actividad hoy en día, respondieron al llamado de Dios en servicios de Escuela Dominical, de adoración o en campamentos juveniles.

Muchas buenas iglesias están teniendo la visión de abrir escuelas cristianas. El deterioro filosófico, moral y espiritual de las escuelas públicas—y según estadísticas recientes, su deterioro educacional—hace que mucho padres cristianos miren hacia la iglesia en busca de una educación adecuada para sus hijos. La incidencia de actos de violencia, violación, y el abuso de drogas en un número creciente de escuelas, las hace totalmente inaceptables para la comunidad cristiana. Personalmente, después de estar quince años comprometido con la enseñanza en escuelas cristianas, estoy convencido de que es la tendencia del futuro. Estoy orando para que muchas iglesias y cristianos se interesen por el problema.

Déjeme contarle esta historia . . . Cuando nos estaban evaluando para reconocernos (y lo hicieron) en la *Asociación occidental de escuelas y colegios,* un equipo de cinco pedagogos visitó nuestra escuela secundaria. Uno era un cristiano que se identificó de inmediato. Tres eran directores de grandes escuelas secundarias públicas en sus respectivas comunidades. Dos de ellos me dijeron confidencialmente que enviaban a sus hijas a escuelas *cristianas* en su comunidad. Alrededor de una semana después, en un compromiso social, conocí al presidente de la *Junta educativa unificada* de San Diego, y me dijo que su hija asistía a nuestro colegio cristiano y lo disfrutaba enormemente.

4. Su iglesia debe proveerle un lugar para servir a Dios. Admito que puede haber otras áreas para el servicio cristiano en su comunidad, pero normalmente el lugar donde más efectivamente puede trabajar un cristiano es en su propia iglesia. La mayor parte de las iglesias exige que alguien sea miembro antes de enseñar u ocupar un cargo. El pastor, el director de educación cristiana, el regente de la Escuela Dominical, le dirán si la iglesia que tiene en vista necesita sus servicios.

5. Su iglesia debe ser tal que pueda recomendarla con confianza a otros. Todo cristiano debe saber que Dios le va a usar como testigo—en el trabajo, en el vecindario, o en otros contactos. No es suficiente guiar alguien a Cristo, sus nuevos convertidos necesitarán compañerismo cristiano e instrucción bíblica en un medio espiritual cálido. Es más fácil pedirles que se encuentren con usted en su iglesia que enviarlos solos a otra iglesia.

OBTENGA EL MAXIMO DE SU IGLESIA

Una vez que se dirija a la iglesia donde cree que Dios le manda, únase a ella. Haga de ella el hogar cristiano de su familia. Un antiguo refrán nos recuerda: "Sólo obtienes de algo lo que pones en él". Algunos cristianos siembran tan poco que no cosechan casi nada.

La mayoría de las iglesias espera que sus miembros asuman ciertas responsabilidades—tanto para el bien de los miembros como para el beneficio de la iglesia. Usted y su familia recibirán grandes bendiciones si cumple fielmente esas responsabilidades.

Toda iglesia tiene algunos miembros que asisten a todos los servicios; son ellos los que generalmente reciben los mayores beneficios. Otros asisten los domingos por la mañana y por la noche pero no concurren nunca entre semana. La mayoría sólo recibe las bendiciones mínimas porque asisten solamente los domingos por la mañana. Cuanto más secular se torna la sociedad, tanto más necesitan los creyentes exponerse a la Palabra de Dios—y experimentar lo que la mayoría de los cristianos disfrutan sólo en los servicios de su iglesia.

Hay 168 horas en una semana. Obviamente, pasar una o dos horas en la Casa del Señor, estudiando su Palabra, es insuficiente comparado con el tiempo dedicado al resto de las actividades en la vida. A pesar de que la Palabra de Dios es la materia de estudio más importante para un cristiano, muchos cristianos no le dedican ni siquiera el tiempo que disponen para leer el diario.

Una excusa común para la asistencia regular a la iglesia es el concepto de que podemos amargar a los adolescentes al forzarlos a asistir. En muchas ocasiones a lo largo de los años, he escuchado a padres excesivamente indulgentes decir: "No mando mi hijo a la iglesia. Podría llegar a odiarla".

Una pareja cristiana le dijo a su hijo que si no quería asistir a la iglesia, podría esperarlos en la farmacia local mientras tomaba una leche malteada. De algún modo mis sermones nunca pudieron competir con el amor de ese chico por las malteadas, porque ahora—casado y con tres hijos—todavía no asiste a la iglesia.

En la misma iglesia había una familia con cinco hijos varones. Su padre decidió por ellos: todos los domingos iban a la iglesia. Se sentaban con sus padres durante el servicio de la mañana, pero les permitían sentarse con sus amigos durante los otros servicios, si su conducta merecía tal libertad. Hoy uno de los muchachos es misionero y los demás son activos líderes en sus iglesias locales.

No tema tomar la decisión de llevar a sus jóvenes a la iglesia. Usted no duda respecto a mandarlos a la escuela, sea que ellos quieran o no. ¿Y cuándo *quieren* los chicos ir al dentista o al médico? Sin embargo usted los lleva si lo *necesitan*. Sus hijos necesitan desesperadamente de la iglesia y la oportunidad que les da de adorar a Dios y aprender su voluntad. Doy gracias a Dios porque cuando era un muchacho rebelde de diecisiete años, mi madre estableció claramente que yo debía estar en casi todos los servicios que tenía nuestra iglesia. Dudo que hoy estuviera en el ministerio si me hubieran dejado decidir por mí mismo respecto a la asistencia a la iglesia durante esos años.

Obligar a un niño a asistir a la iglesia no lo vuelve en contra de ella. Es con frecuencia la hipocresía en el hogar que hace de la iglesia una caricatura superficial. He visto muy pocos hijos de hogares cristianos coherentes que se echen a perder. De los pocos que se han ido, la mayoría vuelve a la fe más tarde en la vida. (*vea* Proverbios 22:6)

Otra responsabilidad que trae bendición a los miembros de la iglesia es el dar sus diezmos y ofrendas. El Señor Jesús dijo: "Porque donde esté vuestro tesoro, allí estará también vuestro corazón" (Mateo 6:21). Nunca desarrollará un verdadero amor e interés en su iglesia local hasta que no invierta algo propio en ella. Su iglesia necesita su apoyo financiero, pero usted necesita aprender el gozo de dar regularmente a la obra del Señor. La norma del Nuevo Testamento era dar el diezmo, la décima parte. El Nuevo Testamento establece que debe hacerse "según Dios le haya prosperado". ¿No debieran los cristianos adecuarse por lo menos al nivel del judaísmo antiguo? Cuando da sus ofrendas y diezmos a la iglesia local, tiene la ventaja de que es una de las pocas organizaciones cristianas que proporciona a sus donantes un informe financiero. Usted puede votar para elegir tesoreros que administren el dinero asegurándole un buen grado de integridad.

Una de las responsabilidades menos apreciadas por los miembros de iglesias es la participación en reuniones administrativas. Esto puede parecer insignificante, pero se sorprendería de saber qué pocos son los que se preocupan por la marcha de su iglesia lo suficiente como para asistir a sus reuniones administrativas. Varios amigos me han dicho que apenas logran el número de personas suficientes para formar *quorum*. Soy el primero en admitir que las reuniones administrativas no resultan sesiones muy inspiradoras, pero su importancia para la iglesia requiere que sean consideradas como prioridades.

Para que cualquier organización funcione, debe tener líderes. La única manera de reducir al mínimo el número de reuniones administrativas necesarias en una iglesia es tener líderes que puedan conducir la iglesia con eficiencia. Su iglesia tiene el derecho de esperar que usted dedique parte de su tiempo a sus asuntos organizativos.

Hay otras áreas en las que su iglesia lo necesita, y el Señor le orientará hacia ellas si usted está dispuesto. Uno de los mejores laicos que conozco en la iglesia es ejecutivo en una gran fábrica industrial. Cada año analiza la iglesia para descubrir áreas de mayor necesidad. Se pone a disposición ante el Señor, el pastor y los oficiales de la iglesia. Cuando se le da un trabajo, se dedica a hacerlo bien y trata de entrenar a otro laico para que lo haga en el futuro. A veces la iglesia no está lista para delegar el trabajo al entrenado después del primer año, y entonces él continúa un año más. Sólo Dios conoce la verdadera efectividad del ministerio de este hombre.

¡Ninguna iglesia es perfecta! El finado Dr. Harry A. Ironside solía decir: "Si encuentra la iglesia perfecta, no se integre a ella—¡la arruinará!". Seguramente encontrará fallas en su iglesia. Pero *nunca* la critique, ni critique el pastor, los líderes o los miembros delante de sus hijos. Muchas palabras irreflexivas de los padres criticando algún detalle de la iglesia han vuelto a sus hijos en contra de la iglesia en forma total.

Los padres, no la iglesia, son los verdaderos perdedores en un caso así—pero también pierden los chicos. En vez de criticar su iglesia, ponga el hombro y *cámbiela*. Si la falla no está en el área de su responsabilidad, encomiéndelo a Dios. Después de todo, en realidad es *Su* iglesia; El sabrá protegerla.

LA VIDA SOCIAL Y SU IGLESIA

Dios nos ha hecho a la mayoría de nosotros con un profundo deseo por la vida social. Queremos ser amados, buscados e incluidos en todo lo que ocurre. La iglesia tiene la posibilidad de ser una de las mejores fuentes de contacto social, pero desafortunadamente la actitud egoísta e impersonal del mundo es demasiado a menudo introducida a la iglesia y su vida social.

Muchas personas están solitarias y ansiosas de compañerismo. Visitan su iglesia esperando hacer amistades, pero a menudo aquellos a quienes se dirigen buscando amistad no hacen nada por satisfacer su necesidad. ¿Ha abierto alguna vez su hogar a esas personas? Muchos miembros de iglesia nunca lo hacen. Están ocupados disfrutando de las amistades que ya tienen. Significa alguna molestia—tendrá que preparar algunos bizcochos y poner una pava de café—pero se asombrará de la gratificación que produce.

¿Ha pensado alguna vez en el vacío social al que se sumergen muchos nuevos convertidos cuando se unen a una iglesia? Si eran personas socialmente activas antes de su conversión, generalmente se enfrentan con una experiencia descorazonadora cuando pierden interés en algunas de sus actividades mundanas y se vuelcan a la iglesia. Demasiado frecuentemente, es difícil o imposible que estos recién llegados puedan romper los grupos que se han formado en una iglesia. No nos gusta admitirlo, pero los grupos se desarrollan muy fácilmante ya que naturalmente tendemos a acercarnos a nuestros amigos. ¡Recuerde que nuevos creyentes o simpatizantes necesitan su amor y atención mucho más que sus viejos amigos!

Hace varios años, tres matrimonios de nuestra congregación tuvieron una idea original. Decidieron compartir un almuerzo con otras tres parejas una vez al mes. Invitarían a un matrimonio que ya fuera miembro regular de la iglesia y otras dos parejas nuevas. Al cabo de dos años tenían más amigos en la iglesia que todos los demás miembros. Su propio crecimiento espiritual ha sido asombroso, y actualmente una de esas parejas ha salido como misioneros al Ecuador, otra se unió al equipo de *Campus Crusade*, y el tercero es uno de los pilares de nuestra iglesia.

Una mujer llena del Espíritu Santo que conozco se ofreció voluntariamente como líder social de la clase de adultos en la Escuela Dominical. La enseñanza bíblica era buena los domingos, pero los miembros de la clase eran fríos en su trato unos a otros. Pronto obtuvo un gran dinamismo—mediante una cuidadosa planificación que hacía intervenir a muchos otros que sólo estaban esperando alguien que los invitara a asomarse. En lugar de una gran reunión social por mes, disponía ocho a diez pequeñas reuniones en distintas partes de la ciudad. A veces pedía a miembros dentro de un área de la ciudad que sirvieran una comida liviana después del servicio de la iglesia e invitaran a los nuevos. Su labor como encargada social de esa clase de Escuela Dominical tuvo efecto sobre la asistencia a toda la Escuela Dominical. Visitas esporádicas comenzaron a asistir en forma regular, algunos de ellos invitaron a sus amigos no creyentes, y muchos recibieron a Cristo durante los dos años en que esta mujer ejerció su servicio. Puesto que los adultos asistían más regularmente y traían a sus hijos, la Escuela Dominical tuvo el mayor índice de crecimiento de toda la historia de nuestra iglesia—y probablemente esa mujer fue la razón aislada más importante. Se forjaron amistades de por vida en esa clase, y muchas eran de ella.

HOSPITALIDAD CON PROPOSITO

Los cristianos deben "ser dados a la hospitalidad". Nunca han tenido los cristianos más posibilidades que ahora de ser hospitalarios en sus hogares y sin embargo de alguna manera otros objetivos se tornan prioritarios por sobre el de ofrecer distracción a aquel que necesita nuestra hospitalidad.

Un joven dentista nos llamó un día y nos preguntó si podríamos ir después de la reunión el domingo por la noche y ayudarle a él y a su esposa a consagrar su nuevo hogar. Estaba lleno de amigos de la iglesia cuando llegamos, y gozamos de un cálido momento de canto, oración y compañerismo. Dijeron al grupo que querían que Dios usara su hogar para su gloria, y durante los años siguientes cientos de personas fueron invitados a su casa. Sólo Dios sabe cuántos han sido atraídos hacia El por medio de esta generosa hospitalidad.

Muchos cristianos en todas partes del país están usando sus hogares para la evangelización—hospitalaria. Algunos tienen estudios bíblicos informales con un refrigerio, otros usan cintas grabadas o predicadores. Su experiencia demuestra que hay muchos que tienen hambre de la Palabra de Dios. Los estudios bíblicos en el hogar proveen un lugar neutral para que los nuevos convertidos traigan a sus amigos a estudiar la Palabra. En principio, estos "candidatos" pueden no estar dispuestos a ir a la iglesia, pero generalmente no se niegan a estudiar la Biblia en un hogar cristiano hospitalario.

Una pareja ha guiado más personas a Cristo y a la iglesia que cualquier otro que yo conozca, y lo ha hecho usando su hogar. Alrededor de tres años después de su conversión, comenzaron a invitar a sus amigos no creyentes y a algunos de sus nuevos amigos cristianos. Un día se les ocurrió pasar un sermón grabado y comentarlo en grupo mientras tomaban café y un postre. Ahora la pareja escucha anticipadamente la cinta, elabora preguntas para provocar la discusión y luego invitan de veinte a treinta personas procurando equilibrar dos creyentes y uno no convertido. Puesto que ninguno de los dos ha recibido instrucción bíblica formal, se aseguran de que haya dos o tres creyentes maduros entre sus invitados.

A lo largo de los años he visto a estas personas traer a Cristo a médicos, dentistas, abogados, plomeros, mecánicos y amas de casa. Un aspecto alentador de su trabajo es que no se concentran en los "exquisitos". Para ellos la pareja con un auto viejo desvencijado es tan importante como la que posee un lujoso sedán. Después de observarlos, estoy convencido que su ministerio podría ser imitado por cualquier cristiano que desee poner su hogar a disposición de Dios.

"Hospitalidad con propósito" es una forma de servicio cristiano que tiene su origen en la iglesia, se basa en el hogar y se dirige a alcanzar la gente en el mundo. Los cristianos a menudo piensan que sus casas no son adecuadas para invitar gente, pero las visitas no están interesadas exclusivamente en sus muebles o en los refrescos que sirva. Lo amarán por haberlos incluido entre sus invitados. La razón del éxito de este ministerio es esa—la necesidad de amor y aceptación que tiene la gente. Se ganan más personas para Cristo por medio del amor que por medio de la lógica.

Si desea usar su hogar para hacer "hospitalidad con propósito", ofrézcalo a Dios en oración y comience a experimentar algunas de estas sugerencias u otras que Dios pueda darle. No pasará mucho tiempo antes de que se sienta cómodo ejerciendo este ministerio de la hospitalidad.

COMO SERVIR MEJOR

La iglesia es una de las mejores oportunidades de trabajo en el mundo, puesto que es un lugar donde todos pueden—y deberían—servir. Todo cristiano consagrado que desee hacer algo para Dios puede encontrar algo que hacer en la Escuela Dominical, el parvulario, los programas juveniles, conduciendo un ómnibus, visitando, haciendo estudios bíblicos caseros, etc.

El servicio cristiano ejerce un tremendo efecto terapéutico. Todo ser humano necesita brindarse en algo para el bien de sus prójimos. Nada iguala al servicio cristiano porque mediante él no sólo ayuda a una persona a vivir mejor sino que lo ayuda a enfrentar la eternidad.

Prácticamente todos están hoy en día preocupados respecto a los jóvenes y sus problemas—rebeldía, drogas, sexo y muchos otros factores. Pero pocos son los que están dispuestos a hacer algo al respecto. Esto es cierto también en la iglesia—todos quieren que haya un dinámico ministerio juvenil, pero es más difícil conseguir encargados juveniles para tal ministerio que cualquier otro cargo de la iglesia. La gente tiene la falsa noción de que se debe poseer talento especial o entrenamiento para trabajar con los jóvenes. En realidad, los jóvenes de hoy no son *tan* especiales. El requisito fundamental para un cristiano que esté por trabajar con niños o jóvenes es que los ame. Aun los casos más difíciles responden al amor cristiano paciente y delicado.

La mejor manera de aprender a trabajar con los jóvenes es haciéndolo. Hay buenos libros, seminarios y consultorios disponibles para ayudarle a adquirir las técnicas—pero la experiencia y la necesidad siguen siendo excelentes maestros. Hemos comprobado que matrimonios con hijos de determinada edad son de gran ayuda al trabajar en el grupo del que forman parte sus hijos. Y éstos, en lugar de sentirse incómodos por ello, generalmente se sienten felices por tener a sus padres comprometidos en ello.

La mayor parte de los jóvenes, tarde o temprano, pasan por una fase negativista y deciden: "No voy más". Si los padres renuncian, están cometiendo un gran error. Si los jóvenes no asisten a las reuniones juveniles y a sus eventos sociales, pronto se deslizan hacia el mundo y hacen amigos que los apartan de la iglesia. Parece más positivo insistir que los adolescentes asistan a las actividades juveniles y lleven de vez en cuando a sus amigos no cristianos. Más de un cristiano hoy en día ha sido un adolescente inconverso a quien su compinche invitó a las actividades juveniles de la iglesia.

Debemos enseñar a nuestros hijos y jóvenes a preocuparse por otros, mediante nuestro propio ejemplo. Alguien ha comparado la iglesia con un gigantesco colador. Cientos de almas hambrientas llegan buscando ayuda pero reciben tan poca atención que se deslizan de nuestras filas sin dejar siquiera rastro. Si los jóvenes ven a sus padres esforzándose en ser amigables con los recién llegados, es fácil lograr que hagan lo mismo en sus grupos juveniles, donde tristemente también faltan a menudo el amor y la aceptación.

El espacio no nos permite extendernos sobre las muchas otras áreas de necesidad que nos proveen un lugar para servir al Señor en la iglesia. De una cosa puede estar seguro: si ofrece sus talentos al Señor, El le guiará a un ministerio significativo. No subestime la sección de los párvulos, o el coro, o grupos como las "Niñas pioneras" o la "Brigada varonil". Si usted no puede cantar, organice un coro infantil o juvenil. Los hombres pueden hacer tareas de refacción o mantenimiento en el edificio o jardinería en el fondo. La visitación y la enseñanza en la Escuela Dominical son otras opciones.

Escuchamos mucho hoy en día acerca del "compromiso" y eso es exactamente lo que los cristianos debieran sentir hacia su iglesia. Al hacerlo, no sólo están ayudando a otros sino también participando en el trabajo más grandioso del mundo.

Hace un tiempo, una pareja de nuestra congregación anterior, de Minneápolis, estuvo de visita. Hablamos acerca del día, veinticinco años atrás, en que el Superintendente de la Escuela Dominical y yo le habíamos pedido a Bob, el marido, que enseñara en una clase de varones. Ambos nos reímos cuando le recordé que luego de enseñar un año, me dijo cándidamente: "Pastor, he aprendido más enseñando en esa clase que todo lo que aprendí con sus sermones". Comentando que todavía enseñaba una clase después de todos estos años, me dijo: "Después de criar mi familia, enseñar es la actividad más gratificante que tengo".

Ese hombre sabía dónde estaba—y no pude evitar agregar que enseñar es una actividad que produce resultados eternos.

La iglesia provee muchos trabajos así para cristianos llenos del Espíritu Santo. ¿Qué está haciendo usted en *su* iglesia?

X

EL PODER DE LA ORACION EN LA VIDA FAMILIAR

EL UNICO PROBLEMA EN LA lectura de este libro es que nos expone nuestras debilidades y fallas y tiende a desanimarnos. Con frecuencia escuchamos decir, después de nuestros Seminarios de Vida Familiar: "¡Ojalá hubiéramos oído estos principios años atrás!" Nuestra respuesta sincera es: "¡Lo mismo hubiéramos deseado nosotros!" Afortunadamente tenemos algunas palabras para alentarlo . . .

¡NO TIENE QUE SER PERFECTO!

Ningún padre ha sido perfecto. ¡Nosotros realmente no lo fuimos! Si Bev y yo pudiéramos volver a vivir nuestra etapa de crianza de los hijos, puede estar seguro de que haríamos muchas cosas diferentes. Desearía que hubiéramos descubierto la vida llena del Espíritu antes de que nuestro hijo mayor tuviera catorce—seguro que hubiéramos sido mejores padres. Pero aun así no hubiéramos sido perfectos. Desearía poder decir que después de esa experiencia emocionante en Forest

Home, cuando Dios empezó a cambiar nuestras vidas, hemos sido padres ideales, pero Dios y nuestros hijos nos conocen bien. No hay duda de que hemos mejorado mucho. ¿Perfectos? Me lamento desilusionarlo. No lo fuimos ni lo somos.

Afortunadamente, Dios no espera la perfección, ni tampoco lo esperan sus hijos. La Biblia enseña que ". . . todos pecaron, y están destituidos de la gloria de Dios" (Romanos 3:23). Eso incluye aun a los padres cristianos. Puesto que los cristianos llenos del Espíritu no son robots, en ocasiones cedemos a nuestra vieja naturaleza y reaccionamos en forma carnal. Confiamos que, después de estudiar este libro haya aprendido que— si de inmediato enfrenta y confiesa el pecado—, será restaurado de inmediato y *gradualmente* comenzará a "caminar en el Espíritu" de forma estable. A medida que desarrolle una aguda sensibilidad respecto al pecado, sus momentos de carnalidad se harán menos frecuentes y el "amor, gozo, paz, paciencia, benignidad" se volverán un estilo de vida.

LA CORTE CRISTIANA DE APELACIONES

Una madre llorosa me detuvo después de un seminario y dijo sollozando:

—¿Hay alguna esperanza para un padre que ha hecho todo mal?

—¡Por supuesto! —respondí. ¿Por qué? Porque nosotros los cristianos tenemos recursos que no son compartidos por ningún otro grupo de personas. ¿Cuál es ese recurso extra? *El poder de la oración.*

Sin duda usted está familiarizado con los muchos desafíos a la oración que nuestro Señor hizo en los Evangelios: "Pedid, y se os dará; buscad, y hallaréis . . . porque todo aquel que pide, recibe . . ." (Mateo 7:7-8); ". . . Y todo lo que pidiereis en oración, creyendo, lo recibiréis" (Mateo 21:22); ". . . pedid, y recibiréis, para que vuestro gozo sea cumplido" (Juan 16:24); ". . . la necesidad de orar siempre, y no desmayar" (Lucas 18:1); y muchos otros. El Antiguo Testamento nos dice: ". . . la oración de los rectos es su [el de Dios] gozo" (Proverbios 15:8).

En las epístolas del Nuevo Testamento encontramos apuntados los desafíos a la oración: "Orad sin cesar" (1 Tesalonicenses 5:17); ". . . sean conocidas vuestras peticiones delante de Dios en toda oración y ruego, con acción de gracias" (Filipenses 4:6); "La oración eficaz del justo puede mucho" (Santiago 5:16). Como cristianos, tenemos el privilegio de dirigirnos al Omnipotente creador de todas las cosas como nuestro "Padre Celestial", puesto que hemos sido adoptados en su familia. Nos ha hecho sus hijos. El Señor nos aseguró del interés de Dios en nuestras oraciones cuando dijo: "Pues si vosotros, siendo malos, sabéis dar buenas dádivas a vuestros hijos, ¿cuánto más vuestro Padre que está en los cielos dará buenas cosas a los que le pidan?" (Mateo 7:11).

Todo padre consagrado recurre al poder de la oración en favor de sus hijos en algún momento de su vida, particularmente en situaciones de grandes crisis. Bev y yo recordamos vívidamente la ocasión en que estuvimos al lado de la cama de Lori cuando a los cinco años sufrió su segundo ataque de neumonía. Su pequeño pecho se movía pesadamente mientras luchaba por cada bocanada de vida bajo la carpeta de oxígeno. Luego el médico dijo: "Pastor, si alguna vez en su vida ha orado, mejor que lo haga ahora—he hecho todo lo posible. Queda en manos de Dios".

Bev sollozaba mientras yo oraba, y Dios nos dio una "paz" sobrenatural y la certeza de que Lori se curaría. En cuestión de minutos superó la crisis, y gradualmente el poder de Dios restableció su salud. Casi todas las familias enfrentan una crisis de esta índole en algún momento durante los años de crecimiento de los hijos. Uno de los muchos beneficios de la vida cristiana es que tenemos alguien real a quien recurrir en tales situaciones. Francamente, no sé cómo pueden salir adelante los no cristianos.

La oración es para la familia lo que un techo es para la casa; protege a los que están adentro de los enemigos y las adversidades de la vida. En muchos casos, incluso protege a los miembros de la familia de sí mismos—como la esposa cristiana que confidencialmente dijo que mientras oraba una mañana sintió en su corazón que su esposo le había sido infiel. Se había cubierto tan bien, que ella no tenía ninguna pista de lo que él estaba haciendo, pero con toda confianza lo enfrentó a su pecado. Fue tan sorpresivo que él exclamó: "¿Cómo lo supiste?" Por haberlo ella descubierto y enfrentado tempranamente, logró su arrepentimiento y han disfrutado años de gozo desde entonces.

La mayoría de los que estamos en el ministerio hemos llegado a él como resultado de las oraciones de algún otro, generalmente nuestros padres. En mi caso, fue mi madre. Sintiendo que había vuelto del ejército extremadamente rebelde y carnal, se consagró a orar. Mientras asistía a una conferencia bíblica, habló con el Dr. Bob Jones padre, después del mensaje una noche—y él oró por su hijo Tim. Algunas semanas después vine a su apartamento a las dos y media de la madrugada y la encontré arrodillada en el sofá, profundamente dormida. La sala era tan chica que literalmente tuve que pasar por encima de sus piernas para llegar a mi dormitorio. Mi primera reacción fue: "¡Que le sirva de lección, la dejaré allí!" Pero después de meterme en cama, no me podía dormir. Sabía que ella tenía que levantarse para el trabajo a las 5:30, y que sin duda había estado orando por mí cuando se quedó dormida. Finalmente la desperté y se fue a la cama. La escena me persiguió durante días hasta que finalmente dejé de lado mi formulario de inscripción para una escuela de abogacía y me fui a la Universidad Bob Jones, donde mi vida fue transformada. Desearía que todo hombre joven tuviera una madre que orara así. La oración no compensa toda una vida de errores como padres, pero como pastor he sido testigo de vidas milagrosamente transformadas cuando padres afligidos han buscado poder de Dios para las vidas de sus hijos.

Recientemente sugerí a un obrero cristiano que estaba muy preocupado por dos adolescentes rebeldes, que los padres también tenían en la oración una corte de apelaciones finales. Algunas veces nuestros chicos se cansan tanto de oir nuestros sermones que parecen endurecerse para las cosas del Señor. En la vida de cada uno de nuestros hijos, El acercó otro siervo del Señor en el momento oportuno. Bev y yo sentimos una gran deuda hacia hombres como nuestro buen amigo Ken Poure, el bien conocido predicador para jóvenes y familias aquí en California; el pastor Jim Cook de Hawaii; Bill Gothard; el pastor John McArthur; y, por cierto, nuestro propio pastor de jóvenes en la iglesia, Jerry Riffe—y varios más. Estos hombres, en respuesta a nuestras oraciones, fueron usados por el Espíritu Santo para ayudar a nuestros adolescentes a poner en claro su pensamiento y encomendarse nuevamente al Señor en momentos decisivos de su vida. La Biblia dice: "La necedad [la rebelión—que es como pecado de brujería] está ligada en el corazón del muchacho; mas la vara de la corrección la alejará de él" (Proverbios 22:15). En esta época rebelde, esa actitud parece postergarse. ¿Qué puede hacer un padre, aún cuando haya cometido algunos errores? ¡La respuesta es: orar! Padres controlados por el Espíritu Santo tienen poder a través de la oración.

Uno de nuestros cuatro hijos se enamoró de otro cristiano (nunca les permitimos salir con no cristianos) que no estaba realmente sujeto al Espíritu Santo. Después de orar respecto a su relación, sentí profundamente que no debía durar, de modo que se lo dije a Bev. Sus ojos se llenaron de lágrimas y me dijo: "El Señor me ha hecho sentir lo mismo a mí". Después de orar juntos al respecto, tuvimos una charla con nuestro hijo. No les puedo ocultar que su reacción no fue agradable. Pero le expusimos nuestra preocupación en amor y pocos meses más tarde perdieron interés el uno por el otro. Dios no nos ha dejado solos para criar nuestros hijos; nos ha dado la Biblia—el mejor manual de crianza de los hijos y de relaciones interpersonales que jamás se haya escrito—y el poder de la oración para ayudarlos a avanzar.

La más hermosa historia que he escuchado sobre este asunto fue la que compartió un joven arquitecto en nuestra iglesia respecto a su hermano menor, Sam. Resulta que perdió su Biblia en los bosques en el Norte mientras acampaba con sus padres. Otra familia cristiana alquiló la misma cabaña y encontró la Biblia, pero no tenía nombre ni dirección. En cambio encontraron esta inscripción en la primera página: "A nuestro hijo, con amor, papá y mamá". La pareja estaba tan impactada por las notas que este joven había ido haciendo cuidadosamente en toda la Biblia, que se lo hicieron ver a sus hijos. Esa noche durante el momento devocional el padre oró por el joven dueño de la Biblia y luego por su propia hija adolescente—pidiendo que Dios trajera alguna vez a su vida un hombre piadoso como el dueño de la Biblia.

Pasaron los años y todos olvidaron el acontecimiento. Eventualmente la hija creció y se enamoró de un excelente joven que conoció en un campamento y se comprometieron. Un mes antes del casamiento, los padres de la joven se estaban mudando, y el novio vino a ayudarles. Mientras alzaba una caja de libros en el escritorio, vio una vieja Biblia. Bajó la caja rápidamente y examinó la Biblia, exclamando: "¿Dónde encontraron mi Biblia?" ¡Nadie podía creerlo! Señalando la dedicatoria, dijo: "Vean, me la dieron mis padres". Luego, mostrando la tapa, las letras doradas ya gastadas con su nombre: "Samuel"—el apellido se había borrado. Parece ser que estas dos familias cristianas, que vivían a miles de kilómetros de distancia y no se conocían, había alquilado la misma cabaña ese verano, con diferencia de una semana.

¿Increíble? ¿Imposible? Humanamente, *sí*, pero con Dios, *¡nada es imposible!*

Bev y yo no tenemos dificultad en creer esta hisitoria, y tampoco su madre, la Sra. Nell Ratcliffe. La familia Ratcliffe se incorporó a la Primera Iglesia Bautista de Farmington, Michigan, poco después de que una joven viuda madre de tres pequeños hijos se mudara a Detroit a vivir con sus parientes. La Sra. de Ratcliffe recuerda a las señoras de la iglesia orando por "Margarita", la joven viuda. Como ella misma había enviudado cuando Beverly tenía tan solo dieciocho meses de edad, se sintió movida a orar por esta mujer a la que no conocía, pidiendo a Dios que de una forma sobrenatural supliera sus necesidades y le ayudara a criar sus hijos en el Señor. Pasaron los años; Bev y yo nos conocimos en el colegio y nos casamos. Varios años después estábamos hablando de nuestra infancia, y mencioné que nuestra familia había conocido a Cristo en la Primera Iglesia Bautista de Farmington. Descubrimos que la familia de Bev se había mudado allí dos meses después que la nuestra se trasladara a Detroit. ¿Me creen si les digo que el nombre de mi madre, que es viuda, es *Margarita*?

Sí, Dios contesta las oraciones. El le ama y desea que usted use la oración como una herramienta de bendición para cada miembro de su familia.

"Clama a mí, y yo te responderé, y te enseñaré cosas grandes y ocultas que tú no conoces".

Jeremías 33:3

BIBLIOGRAFIA

Adams, Jay E. *Christian Living in the Home.* Grand Rapids, Michigan: Baker Book House, 1972.

Beardsley, Lou and Spry, Tony. *The Fulfilled Woman.* Irvine, California: Harvest House, 1975.

Bowman, George M. *How to Succeed with your Money.* Chicago, Illinois: Moody Press 1960.

Burkett, Larry. *What Husbands Wish Their Wives Knew About Money.* Wheaton, Illinois: Victor Books, 1977.

Chandler, E. Russell. *Budgets, Bedrooms, and Boredom.* Glendale, California: Regal Books, 1976.

Chandler, Sandra S. *The Sensitive Woman.* Irvine, California: Harvest House, 1972.

Cooper, Darien B. *We Became Wives of Happy Husbands.* Wheaton, Illinois: Victor Books, 1976.

Daniels, Elam J. *How to Be Happily Married.* Orlando, Florida: Christ for the World Publishers, 1955.

Dobson, James. *La felicidad del niño.* Miami, Florida 33167: Editorial Vida, 1978.

Drescher, John M. *Talking It Over.* Scottdale, Pennsylvania: Herald Press, 1975.

Fairfield, James G. T. *When You Don't Agree.* Scottdale, Pennsylvania: Herald Press, 1977.

Henry, Joseph B. *Fulfillment in Marriage.* Old Tappan, New Jersey: Fleming H. Revell, 1966.

Knecht, Mrs. Paul J. *For the Christian Home.* Chicago, Illinois: Moody Press, 1957.

LaHaye, Beverly. *Cómo desarrollar el temperamento de su hijo.* Editorial Betania, 824 Calle 13 S.O., Caparra Terrace, Puerto Rico 00921, 1979

LaHaye, Beverly. *La mujer sujeta al Espíritu.* Editorial Betania, 824 Calle 13 S.O., Caparra Terrace, Puerto Rico 00921, 1978.

LaHaye, Tim. *Casados pero felices.* Editorial Libertador.

LaHaye, Tim. *Cómo vencer la depresión.* Editorial Vida, Miami, Florida 33167, 1976.

LaHaye, Tim. *Temperamento controlado por el Espíritu.* Editorial Libertador.

LaHaye, Tim. *Temperamentos transformados.* Editorial Libertador.

La Haye, Tim. *El Varón y su temperamento.* Editorial Betania, 824 Calle 13 S.O., Caparra Terrace, Puerto Rico 00921, 1978.

LaHaye, Tim. *The Unhappy Gays: What Everyone Should Know About Homosexuals.* Wheaton, Illinois: Tyndale House, 1978 (Aparecerá en español.)

LaHaye, Tim y LaHaye, Beverly. *El acto matrimonial.* Tarrasa, España. CLIE, 1976.

Larson, Bruce. *Marriage Is for Living.* Grand Rapids, Michigan: Zondervan, 1968.

MacDonald, Gordon. *Magnificent Marriage.* Wheaton, Illinois: Tyndale House, 1976.

McAllister, Jean et al. *Family Life.* Waco, Texas: Word Books, 1976.

McDonald, Cleveland. *Creating a Successful Christian Marriage.* Grand Rapids, Michigan: Baker Book House, 1975.

McMillen, S.I. *None of These Diseases.* Old Tappan, New Jersey: Flemming H. Revell, 1963.

Miller, Ella May. *I Am a Woman.* Chicago, Illinois: Moody Press, 1967.

Orr, William W. *How to Get Along With Your Parents.* Wheaton, Illinois: Scripture Press, 1958.

Orr, William W. *What Every Christian Wife Should Know.* Wheaton, Illinois: Scripture Press, 1963.

Ortlund, Anne. *The Disciplines of a Beautiful Woman.* Waco, Texas: World Books, 1977.

Ortlund, Ray, y Ortlund, Anne. *The Best Half of Life.* Glendale, California: Regal Books, 1976.

Price, Eugenia. *De mujer a mujer.* Miami, Florida 33135: LOGOI.

Priddy, Eugene. *The Ideal Family.* Mount Freedom, New Jersey: Keynote Ministries, 1974.

Renich, Jill. *How to Find Harmony in Marriage.* Grand Rapids, Michigan: Zondervan, 1964.

Rice, John R. *The Home.* Grand Rapids, Michigan: Zondervan, 1946.

Rickerson, Wayne E. *Getting Your Family Together.* Glendale, California: Regal Books, 1976.

Rickerson, Wayne E. *Good Times for Your Family.* Glendale, California: Regal Books, 1976.

Rinker, Rosalind. *How to Have Family Prayer.* Grand Rapids, Michigan: Zondervan, 1977.

Roberts, Doug. *Para Adán con amor.* Miami, Florida 33167, Editorial Vida, 1977.

Roberts, Roy R. *God Has a Better Idea—The Home.* Winona Lake, Indiana: BMH Books, 1975.

Small, Dwight Harvey. *After You've Said I Do.* Old Tappan, New Jersey: Fleming H. Revell, 1968.

Taylor, Florence M. *As for Me and My Family.* Waco, Texas: World Books, 1976.

Taylor, Jack R. *One Home Under God.* Nashville, Tennessee: Broadman Press, 1974.

Timmons, Tim. *Maximum Marriage.* Old Tappan, New Jersey: Flemming H. Revell, 1976.

Timmons, Tim. *One Plus One.* Washington, D.C.: Canon Press, 1974.

Toffler, Alvin. *Future Shock.* New York, New York: Random House, 1970.

Wakefield, Norman. *You Can Have a Happier Family.* Glendale, California: Regal Books, 1977.

Wilke, Richard B. *Tell Me Again, I'm Listening.* Nashville, Tennessee: Abingdon Press, 1973.

Williams, Norman V. *The Christian Home.* Chicago, Illinois: Moody Press, 1952.

Wright, Norman. *An Answer to Family Communication.* Irvine, California: Harvest House, 1977.

Wright, Norman. *Communication.* Glendale, California: Regal Books, 1974.

Wright, Norman. *The Fulfilled Marriage.* Irvine, California: Harvest House, 1976.